DISCOURS

POLITIQUES,

TRADUITS DE L'ANGLOIS

DE DAVID HUME.

TOME SECOND.

DISCOURS
POLITIQUES
DE MONSIEUR HUME
TRADUITS DE L'ANGLOIS.

Magna pars, studiorum amœnitates quærimus : quæ verò tractata ab aliis dicuntur immensæ subtilitatis, obscuris rerum tenebris premuntur.

Plin. in Præf. ad Vespas.

TOME SECOND.

A AMSTERDAM,

Et se vend à Paris,

Chez MICHEL LAMBERT, Libraire, rue & à côté de la Comédie Françoise, au Parnasse.

M. DCC. LIV.

DISCOURS

POLITIQUES,

TRADUITS DE L'ANGLOIS

DE DAVID HUME.

DISCOURS IX.

De quelques Coûtumes remarqua-
bles.

E ferai quelques Ré-
flexions sur trois Coûtu-
mes remarquables, dans
trois fameux Gouverne-
mens, & je conclurai du tout que

les maximes générales en Politique ne doivent être établies qu'avec de grandes réferves, & qu'on découvre fouvent des apparences irrégulieres & extraordinaires dans le Monde moral, auffi-bien que dans le Monde phyfique. On rendra peut-être mieux compte de ce qui fe paffe dans le premier après l'événement, foit par les principes que chacun a au-dedans de foi, foit par l'obferva-tion commune, que je regarde com-me la preuve la plus forte ; mais fouvent il eft entiérement impoffi-ble à la prudence humaine de les prévoir ou de les prédire.

I. On croiroit que dans toute Affemblée ou Confeil fuprême qui délibere, il eft néceffaire d'accorder à chaque Membre la liberté de la parole, & qu'on y doit écouter tous les avis & raifonnemens, qui peu-vent tendre de quelque maniere que

ce foit à éclaircir la matiere en délibération. On concluroit encore
avec une plus grande affûrance,
qu'après qu'un avis ouvert a été
approuvé par cette Affemblée, dans
laquelle réfide la puiffance légifla-
tive, le Membre qui a ouvert cet
avis doit être pour jamais à couvert
de toute pourfuite. Mais ce qui en
Politique doit paroître indifputable
à la premiere vûe, c'eft que du
moins le Membre doit être à l'abri
de toute Jurifdiction inférieure, &
que ce même Tribunal fuprême de
la Légiflation, devroit en ce cas
avoir feul le droit de le rendre dans
la fuite refponfable des Avis ou
Harangues que l'Affemblée auroit
approuvées auparavant. Cependant
ces Maximes, qui nous paroiffent fi
inconteftables, ont toutes été dé-
menties par le Gouvernement Athénien, & de même par des principes

& des caufes qui paroiffent prefque inévitables.

Par le γραφη παραγομων, ou *l'Accufation d'illégalité* (quoique les Antiquaires & les Commentateurs n'en aient pas fait la remarque) on pouvoit dans une Cour de Juftice ordinaire faire le Procès & infliger des peines à tout homme, pour avoir fait fur fon avis paffer une Loi dans l'Affemblée du Peuple, fi cette Loi paroiffoit à cette Cour, injufte & préjudiciable au Public. Ainfi Démofthène trouvant que l'argent pour les Vaiffeaux étoit levé irrégulierement, & que les pauvres portoient le même fardeau que les riches, en équipant les Galères, corrigea cet abus par une Loi très-utile, qui proportionnoit la dépenfe au revenu de chaque Particulier.

Il propofa cette Loi à l'Affemblée ; il en prouva tous les avantagés (*a*) ; il convainquit le Peuple, le seul Législateur d'Athènes, la Loi passa & fut exécutée : cependant on lui fit ensuite un Procès criminel pour cette Loi, sur la plainte des Riches, qui étoient fâchés du changement qu'il avoit introduit dans les Finances (*b*). Il fut, à la vérité, absous en prouvant de nouveau l'utilité de cette Loi.

Ctéfiphon proposa dans l'Affemblée du Peuple, de décerner des honneurs particuliers à Démosthène, comme à un Citoyen affectionné & utile à la République. Le Peuple convaincu de cette vérité ordonna que les honneurs lui fuffent déférés ; cependant on fit ensuite un

(*a*) Nous avons encore fa Harangue fur ce fujet : περὶ Συμμορίας.
(*b*) Pro Crefiphonte.

Procès à Ctésiphon en vertu du γραφη παραγομων.

Parmi les autres allégations il fut assûré que Démosthène n'étoit pas un bon Citoyen, ni affectionné au bien du Peuple. L'Orateur fut appellé pour défendre son ami & par conséquent lui-même, ce qu'il fit par cette sublime piéce d'éloquence qui a toûjours fait depuis l'admiration du Genre humain.

Après la fatale bataille de Chæronée, sur la proposition d'Hypérides, on fit une Loi qui donnoit la liberté aux Esclaves, & qui les enrôloit dans les Troupes (a). L'Ora-

______

(a) *Plut. in vitâ decem Oratorum.* Démosthène donne une idée différente de cette Loi : il dit qu'elle avoit pour but de rendre les ἄτιμοι ἐπίτιμοι, où de rendre le privilége de pouvoir occuper des Charges à ceux qui en avoient été déclarés incapables. Peut-être

teur fut recherché dans la suite au sujet de cette Loi, par l'accusation ci-dessus mentionnée, & se défendit entr'autres raisons par ce trait, dont Plutarque & Longin ont loué la beauté. » Ce n'est pas moi, dit-il, » qui ai demandé cette Loi, c'est » la nécessité des guerres, c'est la » bataille de Chæronée. « Les Oraisons de Demosthène sont remplies d'exemples de Procès de cette nature, & prouvent clairement que rien n'étoit plus commun.

La Démocratie Athénienne étoit un Gouvernement de populace, dont il est difficile aujourd'hui de se former une idée. Le Corps entier du Peuple rassemblé donnoit son suffrage pour chaque Loi, sans aucune limitation de biens, sans aucune distinction de rang, sans dé-

_____

ces deux articles étoient-ils dans la même Loi.

pendance d'aucune Magiftrature ou du Sénat, & par conféquent fans aucun égard à l'ordre, à la juftice & à la prudence.

Les Athéniens s'apperçurent bientôt des inconvéniens de cette Conftitution : mais comme ils avoient de la répugnance à s'impofer eux - mêmes aucune régle ou reftriction, ils fe réfolurent à la fin à contenir leurs Démagogues ou Confeillers par la crainte des recherches ou des punitions futures. En conféquence ils inftituerent cette Loi remarquable, Loi fi effentielle à leur Gouvernement, qu'Efchine avance, comme une vérité reconnue, que fi cette Loi venoit à être abolie ou feulement négligée, il feroit impoffible à la Démocratie de fubfifter (*a*). Le Peuple ne crai-

---

(*a*) *In Crefiphontem.* Il eft à remarquer

gnoit pas que l'autorité de ces Cours criminelles pût porter aucune atteinte à la Liberté, parce que ces Juges qui étoient très-nombreux, n'étoient que des Citoyens ordinaires que l'on choisissoit à chaque fois au sort d'entre le Peuple. Les Athéniens se regardoient eux - mêmes comme dans un état de minorité, où ils avoient l'autorité si-tôt qu'ils venoient à user de leur raison, non-seulement de revoir & de rétracter tout ce qui avoit été déterminé, mais de punir leurs Chefs

---

que le premier pas de la dissolution de la Démocratie, par Critias & les Quarante, fut d'annuller le γραφη παρανομων; comme nous l'apprenons de Démosthène, κατα τιμοκ L'Orateur, dans cette Oraison, nous donne les termes de la Loi qui établit le γραφη παρανομων, *pag.* 297. *ex edit. Aldi.* Et il part des mêmes principes que nous employons ici pour en rendre raison.

pour des entreprifes où la République s'étoit engagée à leur perfua-
fion. La même Loi avoit lieu à
Thébes (*a*), & pour les mêmes raifons.

Il paroît que ç'a été l'ufage à
Athènes, lors de la promulgation
de toute Loi, qui étoit jugée très-
utile ou populaire, d'en défendre
pour jamais l'abrogation. Ainfi le
Démagogue qui employoit tous les
revenus publics, à l'entretien des
Jeux & des Spectacles, auroit déclaré Criminel, quiconque eût ofé feulement propofer l'abolition de cette
Loi (*b*). Ainfi Leptinès demanda
qu'on établît une Loi, non-feulement pour révoquer toutes les im-
munités anciennement accordées ,

____

(*a*) *Plut. in vitâ Pelop.*
(*b*) *Demofth. Olynth.* 1. 2.

mais pour priver le Peuple à l'avenir du pouvoir d'en accorder davantage (*a*). Ainsi l'on défendit toutes les proscriptions (*b*) ou Loix, contre un Athénien, qui ne seroient pas communes pour tous les autres Membres de la République. Ces causes absurdes, par lesquelles la puissance législative tâchoit de se lier elle-même pour jamais, ne pouvoient venir que de la connoissance générale que l'on avoit à Athènes de la légéreté & de l'inconstance du Peuple.

I I. Une Roue dans une roue, comme nous l'observons dans l'Empire d'Allemagne, est regardée par le Lord Shaftsbury, comme une absurdité en Politique (*c*). Mais

---

(*a*) *Demosth. contra Lept.*
(*b*) *Demosth. contra Aristocratem.*
(*c*) Essai sur la Liberté de l'Esprit, &c. *Part. III. Sect. 2.*

que devons - nous dire de deux roues égales qui gouvernent la même machine politique, ſans aucune dépendance ou ſubordination mutuelle, & qui cependant conſervent la plus grande harmonie ? Si quelqu'un s'aviſoit de propoſer deux corps légiſlatifs diſtinéts dont chacun poſſéderoit une pleine & entiere autorité, & n'auroit aucun beſoin de l'aſſiſtance de l'autre pour donner de la validité à ſes actes, cela paroîtroit d'avance impraticable auſſi long-tems que les hommes feront conduits par les paſſions de l'ambition, de l'émulation, & de l'avarice qui font les principes qui juſqu'ici les ont gouvernés. Si j'aſſurois que l'état que j'ai en vûe étoit diviſé en deux factions diſtinctes, dont chacune prédominoit dans une Légiſlation féparée, ſans que ces deux pouvoirs indépendans s'entrechoquaſſent ; la ſuppoſition paroîtroit preſque incroyable. Si pour ajoûter au Paradoxe , j'affir- mois que ce Gouvernement quoi- que disjoint & irrégulier , étoit la République la plus active , la plus conquérante , & la plus illuſtre qui ait paru ſur le Théatre du monde ; on me diroit certainement qu'une ſemblable chimere Politique eſt auſſi abſurde qu'aucune viſion des Poëtes ; mais il ne faut par cher- cher loin pour prouver la réalité des ſuppoſitions précédentes , car c'étoit en effet le cas de la Républi- que Romaine.

Chez elle le pouvoir légiſlatif étoit placé également dans les co- mices par Centuries & les Comices par Tribus. Dans les premiers , comme tout le monde ſait , le Peu- ple donnoit ſes ſuffrages ſuivant le cens ou dénombrement , de ſorte , que lorsque la premiere claſſe étoit unanime, comme cela arrivoit communément, quoiqu'elle ne contînt pas peut-être la centiéme partie de la République, elle ne laiſſoit pas de déterminer le tout, & avec l'autorité du Sénat établiſſoit une loi. Dans les derniers, chaque ſuffrage étoit pareil, & comme l'autorité du Sénat n'y étoit pas requiſe, la Populace prévaloit entiérement & donnoit des loix à tout l'Etat. Dans toutes les diviſions de parti, d'abord entre les Patriciens & les Plébéiens, enſuite, entre les Nobles & le Peuple ; l'intérêt de l'Ariſtocratie étoit prédominant dans la premiere Légiſlation, celui de la Démocratie dans la ſeconde, l'une pouvoit toûjours détruire ce que l'autre avoit établi : il y a plus, l'une par une propoſition ſoudaine & imprévue pouvoit prévenir l'autre,

& anéantir totalement fa rivale par un fuffrage auquel la nature de la Conftitution donnoit la pleine autorité de Loi. Mais on ne remarque dans l'Hiftoire Romaine aucun débat de cette efpéce , aucune querelle entre les deux Puiffances légiflatives , quoiqu'il y en eût beaucoup entre les partis qui les gouvernoient. D'où a pü naître cette concorde qui doit paroître fi extraordinaire ?

La Légiflation établie à Rome par l'autorité de Servius Tullius , étoit celle des Comices pas Centuries , qui après l'expulfion des Rois rendit le Gouvernement pour quelque tems prefque Ariftocratique ; mais le Peuple ayant le nombre & la force de fon côté , & étant fier de fes fréquentes victoires & des conquêtes qu'il faifoit fur l'ennemi , l'emporta toûjours toutes les fois

que les chofes en vinrent aux extrémités ; il extorqua premierement
du Sénat la Magiftrature des Tri-
buns, & enfuite le pouvoir Légiflatif des Comices par Tribus. Il con-
venoit alors aux Nobles d'être plus
attentifs que jamais à ne pas provo-
quer le peuple : car outre la force
dont les derniers étoient en poffeffion, ils avoient auffi acquis celle
de l'Autorité légale, & pouvoient
à chaque inftant annuller tout Ordre & toute Inftitution qui leur
étoit directement contraires. Les
Nobles par intrigue, par influence,
par argent, par combinaifon, &
par le refpect qu'on avoit pour eux
pouvoient fouvent prévaloir & diri-
ger toute la machine du Gouvernement ; mais s'ils avoient mis ouvertement leurs Comices par Centuries en oppofition aux Comices
par Tribus, ils auroient bientôt
perdu

perdu l'avantage de cette inſtitution , avec les Conſuls, les Pré-
teurs, les Ediles, & tous les Magiſtrats dont l'élection en dépendoit ;
tandis que les Comices par Tribus, qui n'avoient pas les mêmes
raiſons pour ménager ceux par Centuries , révoquoient ſouvent des
Loix favorables à l'Ariſtocratie ; ainſi ils limiterent l'autorité des Nobles, ils protégerent le Peuple contre l'oppreſſion des Grands , ils
cenſurerent les actions du Sénat &
des Magiſtrats. Les Comices par
Centuries jugerent toûjours à propos de ſe ſoumettre, & quoiqu'é-
gaux en autorité ſe trouvant inférieurs en puiſſance , ils n'oſerent
jamais choquer directement l'autre
Puiſſance légiſlative , ſoit en révo-
quant ſes Loix , ſoit en établiſſant
eux-mêmes d'autres Loix, qu'ils pré-
voyoient bien que les Comices par

Tribus auroient enfuite annullées.

On ne trouve aucun exemple d'oppreſſion ou de diſpute entre ces Comices, excepté une petite altercation de cette eſpéce dont parle Appien dans le troiſiéme Livre de ſes guerres Civiles. Marc-Antoine voulant priver Décimus Brutus du Gouvernement de la Gaule Ciſalpine, monta à la tribune & appella les Comices par Centuries pour prévenir l'Aſſemblée des autres qui avoit été ordonnée par le Sénat. Mais les affaires étoient tombées alors dans une telle confuſion, & la Conſtitution de la République étoit ſi près de ſa derniere extrémité, qu'on ne peut rien conclure de cet exemple. Cette conteſtation d'ailleurs étoit plutôt fondée ſur la forme que ſur la différence de parti. Le Sénat avoit ordonné les Comices par Tribus, pour empêcher

l'affemblée de ceux par Centuries ,
qui par la Conftitution, ou du moins
par la forme du Gouvernement ,
pouvoient difpofer feuls des Provinces.

Les Comices par Centuries rap-
pellerent Cicéron que ceux par tribus avoient banni par un Plébifcite ;
mais il faut obferver que ce banniff-
fement n'a jamais été regardé comme un acte légal , émané du choix
libre & de l'inclination du Peuple.
Il fut toûjours attribué à la feule
violence de Clodius , & aux défordres qu'il avoit introduits dans le
Gouvernement.

III. La troifiéme Coûtume que
nous nous fommes propofés d'examiner regarde l'Angleterre † , quoi-

---

† Le même Auteur releve ailleurs une
contradiction apparente, qui fe trouve en-

qu'elle ne soit pas si importante que

core dans la Constitution du Gouvernement Anglois. » Combien, dit-il, des Génies, » tels que Cicéron ou Tacite, n'auroient-ils » pas été surpris, si on leur avoit dit que » dans les siécles à venir, il se formeroit un » système de Gouvernement mixte où l'au- » torité seroit distribuée de maniere qu'un » des Ordres pourroit, toutes les fois qu'il » lui plairoit, dépouiller les autres & s'em- » parer de tout le pouvoir de la Constitu- » tion! Un pareil Gouvernement, auroient- » ils répondu, ne sera pas un Gouverne- » ment mixte; car l'ambition naturelle des » hommes est si grande, que rien ne peut » l'assouvir: & s'il est de l'intérêt de l'un de » ces Ordres, d'usurper les différentes par- » ties du pouvoir qui auront été confiées à » chacun des autres, cet Ordre le fera cer- » tainement, & se rendra, autant qu'il sera » possible, absolu & indépendant. «

» Cependant l'expérience prouve qu'à cet » égard ils se feroient trompés, car c'est là » précisément le cas de la Constitution du » Gouvernement Anglois. La portion de

celles d'Athènes & de Rome, dont

» puiſſance qu'elle donne à la Chambre des
» Communes eſt ſi grande, que cette Cham-
» bre eſt Maîtreſſe abſolue de toutes les au-
» tres parties du Gouvernement. Le pou-
» voir légiſlatif du Prince n'eſt pas une bar-
» riere ſuffiſante pour la contenir ; car quoi-
» que le Roi ait la Négative pour la Sanc-
» tion de toutes les Loix , ce privilége eſt
» en effet reconnu pour être ſi peu impor-
» tant , que tout ce qui eſt arrêté par les
» deux Chambres eſt toûjours ſûr de paſſer
» comme une Loi. Le conſentement du Roi
» n'eſt preſque autre choſe qu'une pure for-
» malité. Le principal poids de la Couronne
» eſt dans le pouvoir exécutif : mais outre
» que le pouvoir exécutif dans tout Gou-
» vernement, eſt toûjours ſubordonné au
» pouvoir légiſlatif , l'exercice de cette
» puiſſance demande une dépenſe immenſe ,
» & les Communes ſe ſont attribuées à
» elles-mêmes le ſeul pouvoir de diſpoſer
» de l'argent. Combien donc ne ſeroit-il
» pas facile à cette Chambre , de dépouiller
» la Couronne de tous ſes priviléges l'un

nous venons de parler , elle n'est ni

***

» après l'autre , en rendant chaque concef-
» fion d'argent conditionnelle , & en choi-
» fiffant fi bien fon tems , que le refus de
» fubfides , ne feroit qu'embarraffer le Gou-
» vernement , fans donner aux Puiffances
» étrangeres aucun avantage fur nous ? Si la
» Chambre des Communes dépendoit du Roi
» de la même maniere, fi aucun de fes Mem-
» bres ne poffédoit rien qu'à titre de Don du
» Roi , leurs réfolutions ne dépendroient-
» elles pas auffi de fes ordres, & de ce moment
» ne feroit-il pas totalement le Maître ?
» Quant à la Chambre des Seigneurs , ils ne
» font un foûtien puiffant pour la Couron-
» ne , qu'auffi long-tems qu'elle-même fait
» le leur : mais l'expérience & la raifon
» nous prouvent également qu'ils n'ont ni
» force , ni autorité , pour fe foûtenir feuls
» eux-mêmes & fans un pareil appui. «

» Comment trouverons-nous donc la fo-
» lution de ce Paradoxe ? Par quels moyens
» ce Membre de notre Conftitution eft-il
» contenu dans fes propres limites , puifque
» par la nature de notre Conftitution même ,

moins singuliere, ni moins remar-

» il doit néceſſairement avoir tout le pou-
» voir qu'il demande, & qu'il ne recon-
» noît de bornes que celles qu'il ſe fixe lui-
» même ? Comment accorder une pareille
» puiſſance avec l'expérience de la Nature
» humaine ? Je répons que l'intérêt de tout
» le Corps eſt ici reſtraint par l'intérêt de
» chaque individu, & que la Chambre des
» Communes n'excéde pas ſon pouvoir,
» parce qu'une pareille uſurpation ſeroit
» contraire à l'intérêt de la plus grande par-
» tie de ſes Membres. La Cour a tant d'Em-
» plois à ſa diſpoſition, que lorſqu'elle ſera
» ſecondée par la partie honnête & déſin-
» téreſſée de la Chambre, elle décidera toû-
» jours les réſolutions de tout le Corps, du
» moins en tout ce qui ne portera aucune
» atteinte à l'ancienne Conſtitution. Ainſi
» nous pouvons donner à cette influence le
» nom qu'il nous plaira, nous pouvons l'appel-
» ler *Corruption* ou *Dépendance ;* mais il faut
» qu'il y en ait toûjours quelque degré, de
» quelque eſpéce que ce ſoit, par la Nature
» même de notre Conſtitution, & pour con-

quable. C'est une maxime que l'on n'a jamais disputée en Politique, & qui est reçue comme universelle, qu'une Puissance quelque grande qu'elle soit, lorsqu'elle est accordée par la Loi à un Magistrat éminent, n'est pas si dangereuse pour la Liberté qu'une autorité quelque foible qu'elle puisse être, qu'il acquiert par la violence & par l'usurpation : car outre que la Loi limite toûjours le pouvoir qu'elle accorde ; le recevoir comme une concession, c'est établir l'autorité dont

---

» server la forme de notre Gouvernement
» mixte. «
 Essays Moral and Philosophical. London,
1748.
 Ces principes sont bien différens de ceux de tant d'Auteurs qui ont écrit contre la Cour & les Ministres, & du moins comme ils sont plus modérés, paroissent plus raisonnables.

il

il dérive, & cela suffit pour conſer-
ver l'harmonie de la Conſtitution.
Par le même droit que l'on s'arroge
une prérogative ſans la Loi , on
peut en prétendre une autre , &
puis encore une autre avec une
plus grande facilité. La premiere
uſurpation ſert d'exemple pour la
ſeconde , & donne de la force pour
maintenir l'une & l'autre. De-là
l'Héroïſme d'Hampden qui ſoûtint
toute la violence de la perſécution
Royale , plutôt que de payer une
Taxe de vingt ſchelings qui n'étoit
pas impoſée par le Parlement. De-
là le ſoin qu'a tout Anglois qui aime
ſa Patrie , de s'oppoſer à toutes les
uſurpations de la Cour. C'eſt à ce
principe ſeul , enfin , que l'on doit
la Liberté dont on jouit aujourd'hui
en Angleterre.

Il y a cependant une occaſion
où le Parlement s'eſt éloigné de

cette maxime † ; c'eſt en ce qui regarde l'enrôlement forcé des Matelots. On permet ici facilement à
la Couronne l'exercice d'un pouvoir contre les Loix, & quoiqu'on
ait ſouvent délibéré ſur les moyens
de le rendre légitime, & ſous quelles reſtrictions on pourroit l'accor-

---

† » Le Bill qui permet l'enlevement des
» Matelots qui ſont ſur des Vaiſſeaux Mar-
» chands, n'eſt pas de la même eſpéce : il
» porte ſur la liberté du Commerce, inter-
» rompt & arrête des entrepriſes avantageu-
» ſes, & peut décourager le Négociant
» incertain s'il aura un équipage ſuffiſant
» pour l'exécution de ſon projet. Il eſt vrai
» que la Loi de l'Etat eſt au-deſſus de la
» Loi ordinaire, & qu'elle eſt toûjours juſte
» lorſqu'elle part de l'autorité légitime,
» mais la ſage Politique doit prévenir les
» injuſtices particulieres, &c. «
M. MELON, Chapitre XI. De la Liberté
du Commerce.

der au Roi, on n'a encore pû propoſer aucun expédient ſûr pour parvenir à cette fin, & il a toûjours
paru que la Loi mettroit la Liberté
en plus grand danger que l'uſurpation. Lorſque le pouvoir n'eſt exer-
cé que pour armer la Flotte, les
hommes s'y ſoûmettent volontiers,
par la perſuaſion où ils ſont de ſon
avantage & de ſa néceſſité : Les
Matelots, les ſeuls ſur qui s'exerce
une pareille contrainte, ne trouvent
perſonne qui prenne leur parti, lorſqu'ils réclament des droits & des
priviléges que la Loi accorde à tous
les Sujets Anglois, ſans aucune diſ-
tinction. Mais ſi dans quelque occaſion, un Miniſtre faiſoit ſervir ce
pouvoir à ſoûtenir ſa faction & ſa
tyrannie ; la faction oppoſée, ou
plutôt tous ceux qui aiment leur
Pays prendroient bientôt l'alarme,
& ſoûtiendroient le Parti opprimé.

La Liberté des Anglois seroit maintenue ; les Jurés seroient implacables, & les instrumens de la Tyrannie, qui auroient agi contre la Loi & l'équité, seroient livrés à la vengeance publique. De l'autre côté, si le Parlement accordoit au Roi un pareil pouvoir, on tomberoit probablement dans l'un de ces deux inconvéniens ; ou bien, en le lui donnant, on y mettroit tant de restrictions qu'il perdroit ses effets en gênant l'autorité de la Couronne, ou bien on le rendroit si étendu, qu'il en pourroit suivre de grands abus, pour lesquels en ce cas il n'y auroit pas de remédes. L'illégalité même du pouvoir à présent prévient ces inconvéniens par la facilité des remédes qu'elle fournit.

Je ne prétens pas exclure par ce raisonnement toute possibilité d'un Réglement pour les Matelots, qui pourvoiroit à l'armement de la Flotte, sans être dangereux pour la Liberté †. J'observe seulement

———————

† » Ces Maximes s'appliquent aux Mate-
» lots Anglois, qui n'ont pris aucun enga-
» gement particulier, pour servir l'Etat dans
» cette profession, & qui pourtant s'y trou-
» vent forcés arbitrairement. Une sage Lé-
» gislation exigeroit de chaque Matelot de
» servir à son tour dans les occasions mar-
» quées : alors ils ne seroient Matelots qu'à
» cette charge, qu'ils partageroient égale-
» ment avec tous les autres : c'est ainsi
» qu'en France ils sont enclassés, & volon-
» tairement assujettis aux Corvées nécessai-
» res de la Marine, sans blesser la justice
» particuliere. «

M. MELON *indique là un expédient qui ne peut être ignoré des Anglois, & auquel probablement ils auroient eu recours dès long-tems, si le remède ne leur avoit paru plus dangereux que le mal. Ce qui est avantageux dans une sorte de Gouvernement, devient souvent tout le contraire dans un autre. On craint*

que l'on n'a pas encore présenté aucun Plan de cette nature qui ait pû satisfaire, & que plutôt que d'adopter aucun de ceux qui ont été imaginés jusqu'ici, nous suivons un usage en apparence le plus absurde & le plus déraisonnable. La Puissance, dans les tems d'une pleine Paix intérieure, est armée contre la Loi. Une usurpation ouverte & continue est permise à la Couronne, au mi-

____

en Angleterre tout ce qui peut augmenter la puissance du Roi; c'est par cette raison qu'il n'y a point de Maréchaussées, dont l'établissement en France a rendu les grands chemins si sûrs. Tous les désordres, qui arrivent par les Voleurs qui infestent l'Angleterre, paroissent aux Anglois un moindre mal que celui dont ils se croiroient menacés par ce nombre d'Hommes armés qui seroit à la disposition du Souverain; car il ne seroit pas non plus de l'intérêt du Roi de permettre que cette Troupe dépendît du Parlement.

lieu de la plus grande jalousie & de
la plus grande vigilance de la part
du Peuple. La Liberté, dans le Pays
de la plus grande Liberté, est entiérement abandonnée à sa propre défense, sans appui, sans protection.

L'état sauvage de la Nature est
renouvellé au milieu d'une des So-
ciétés les plus civilisées du Genre
humain. De grandes violences &
toutes sortes de désordres se com-
mettent avec impunité, parmi le
Peuple qui a le plus de douceur &
d'humanité, tandis que l'un des
Partis exige l'obéissance au suprème
Magistrat, & que l'autre réclame
en sa faveur les Loix fondamentales
de l'Etat.

DISCOURS X.

De la Population des Nations anciennes (a).

IL y a peu de fondement, soit par la raison ou par l'expérience, de croire l'Univers éternel & incor-

---

(a) Un Ecclésiastique recommandable d'Edimbourg ayant écrit il y a quelques années un Discours sur la même question que celui-ci, a bien voulu dernierement le communiquer à l'Auteur. Il soûtient l'avis diamétralement opposé à celui que l'on embrasse ici, & son Ouvrage est rempli d'érudition & de raisonnemens solides.

L'Auteur avoue avoir emprunté de ce Discours, à quelques changemens près, deux calculs, dont l'un regarde les Habitans de l'ancien *Belgium* (la Flandre); l'autre regarde ceux de l'Epire. Si ce savant Ecclé-

ruptible. Le mouvement rapide &

---

fiaftique veut confentir à publier fa Differtation, elle fervira à jetter un grand jour fur
cette queftion, la plus curieufe & la plus
importante de toutes celles d'érudition.

*Cette Differtation a depuis été imprimée &
vient d'être traduite en François par M. D E
JONCOURT, Profeffeur de Langues Etrangeres à Paris. Elle eft de M. R. WALLACE,
Chapelain de Sa Majefté Britanique & Membre de la Société Philofophique d'Edimbourg.
Elle eft intitulée :* ESSAI SUR LA DIFFÉ-
RENCE DU NOMBRE DES HOMMES *dans les
Tems Anciens & Modernes, dans lequel on
établit qu'il étoit plus confidérable dans
l'Antiquité. A Londres, 1724.*

M. WALLACE *a grande raifon d'affûrer
que,* >> l'éclairciffement de ce fait eft d'une
>> très-grande importance ; qu'il eft très-
>> étroitement lié à la plus profonde politi-
>> que & à la plus intime Conftitution de la
>> Société humaine. << *En effet, la Queftion
touchant le Nombre des hommes dans les tems
Anciens & Modernes, & fous les différens
Gouvernemens de l'Antiquité, ou de ces der-*

continuel de la matiere, les révolutions violentes qui agitent chaque partie, les changemens remarquables dans le Ciel, les traces vi-
fibles, auffi-bien que la tradition
d'un Déluge univerfel, ou d'une
convulfion générale des Elémens,
tout concourt à nous prouver fortement la mortalité de cette fabrique du Monde, & fon paffage par
corruption ou par diffolution, d'un
état à un autre. Il faut donc qu'il
ait fucceffivement fon enfance, fa

---

*niers fiécles, ne doit pas être regardée com-
me un objet de pure curiofité ; mais comme
un de ceux qui touchent de plus près au bien
du Genre humain ; puifque la plus forte préfomption, en faveur des Coûtumes & de la
Politique d'un Gouvernement, eft lorfque, toutes chofes égales, ce Gouvernement eft en état
de produire & de maintenir un plus grand
nombre de Sujets.*

jeuneſſe, ſon âge viril & ſa vieilleſſe, auſſi-bien que chaque Individu qu'il contient, & il eſt probable que l'Homme, de même que
les Animaux & les Végétaux, aura
part à toutes ces variations.

Dans l'âge floriſſant du Monde,
l'eſpéce humaine doit poſſéder une
plus grande vigueur d'eſprit & de
corps, & par conſéquent une ſanté
plus heureuſe, des eſprits plus animés, une plus longue vie, un penchant plus fort & plus de puiſſance
pour la génération. Mais ſi le ſyſtème général des choſes, & par la
même raiſon, la Société humaine
éprouvent de ces révolutions gra-
duelles, elles ſont trop lentes,
pour pouvoir être diſcernées dans
cette courte période que renfer-
ment l'Hiſtoire & la Tradition. La
ſtature & la force du corps, la longueur de la vie, le courage même

& l'étendue du génie , paroiffent jufqu'ici avoir été naturellement à peu près les mêmes dans tous les Siécles.

Les Arts & les Sciences, à la vérité, ont fleuri dans un tems & ont déchu dans un autre : mais nous pouvons obferver que dans celui même où ces Arts ont été portés chez un Peuple à la plus grande perfection , ils étoient peut-être entiérement ignorés de toutes les Nations voifines , & que quoiqu'ils foient univerfellement tombés dans un Siécle ; cependant dans la génération fuivante , ils fe font encore relevés , & fe font répandus dans tout le monde. Auffi loin donc que l'obfervation peut s'étendre , on ne difcerne aucune différence univerfelle dans l'efpéce humaine ; & quand il feroit prouvé que l'Univers , de même qu'un corps animal, a un progrès naturel de l'enfance à la vieilleſſe ; cependant comme il eſt toûjours douteux s'il avance à préſent vers ſa perfection, ou ſi au contraire il s'en éloigne, nous ne pouvons conclure de-là qu'il ſoit encore arrivé aucune décadence dans la Nature humaine (*a*). Ainſi

---

(*a*) Columelle dit , *Liv. 3. Chap. 8.* qu'en Egypte & en Afrique, il étoit très-fréquent & même ordinaire aux Femmes d'accoucher de deux Enfans. *Gemini Partus familiares ac pœnè ſolemnes ſunt.* Si la choſe étoit vraie, il y auroit une différençe phyſique & dans les climats & dans les ſiécles ; car les Voyageurs d'aujourd'hui n'ont rien remarqué de ſemblable au ſujet de ces Pays-là. Au contraire, on ſuppoſe communément qu'il y a plus de fécondité dans les Pays du Nord. Comme l'Egypte & l'Afrique étoient deux Provinces de l'Empire Romain, il eſt difficile, quoiqu'il ne ſoit pas abſolument impoſſible, qu'un homme, tel que Columelle, ait pû ſe tromper ſur ce qui les regarde.

tout homme qui raisonne juste, aura peine à admettre les preuves d'une plus grande Population dans l'Antiquité, que l'on voudroit tirer de la vigueur & de la jeunesse imaginaires du Monde. Les causes générales physiques doivent être exclues de cette question.

Il y a, à la vérité, quelques causes physiques particulieres de grande importance. Il est fait mention dans l'Antiquité de Maladies qui sont presque inconnues à la Médecine moderne : Depuis il s'en est répandu de nouvelles, dont on ne trouve aucune trace dans l'ancienne Histoire †. En faisant cette comparaison,

---

† La petite Vérole semble n'avoir paru dans le monde que vers le tems de Mahomet. Le premier qui en fait mention, est un certain Aaron, Prêtre & Médecin d'Alexandrie en Egypte, qui fleurissoit l'an

nous pouvons obſerver, que le déſavantage eſt entierement du côté des Modernes; ſans parler de quelques autres Maladies de moindre importance, la Petite Vérole commet de ſi grands ravages, qu'ils ſuffiroient ſeuls pour rendre compte de la différence qui ſe trouve aujourd'hui entre la maniere dont la Terre eſt peuplée, & celle dont on ſuppoſe qu'elle l'étoit autrefois. La dixiéme ou la douziéme partie du Genre humain détruite à chaque génération, ne peut manquer de faire une prodigieuſe diminution dans le nombre des Hommes †. Que

622. elle n'a été connue en Europe des Médecins Grecs qu'après l'an 640. Tout le monde ſait que le mal de Naples parut pour la premiere fois en Europe au ſiége de Naples en 1493.

† C'eſt le Docteur JURIN, qui en com-

fera-ce si nous parlons de ceux qui périssent par les Maladies Vénériennes , cette nouvelle Peste répandue par tout ? Ce mal par ses opé-

---

parant les Bills de Mortalité dans Londres pendant quarante-deux ans , a montré que dans cette Capitale & aux environs, un douziéme à peu près de ceux qui naissent , meurt de cette maladie. Voyez *l'Abrégé des Transactions Philosophiques, Vol.* 7. *pag.* 61. Mais cette proportion pourroit bien n'être pas la même par toute l'Europe. Il est prouvé que dans les Provinces les plus Septentrionales de l'Angleterre , telles que celle d'Yorck , & à Boston, Colonie Angloise , le nombre de ceux qui meurent de cette maladie est encore plus fort , & par conséquent il est à présumer que dans les Pays de l'Europe les plus Méridionaux , le nombre de ceux que la petite Vérole fait périr, doit être au contraire beaucoup moins considérable ; & en effet, en France, proportion gardée , elle ne fait pas les mêmes ravages en Provence ou dans le Languedoc, qu'à Paris.

rations

rations con ſtantes eſt peut-être équivalent aux trois plus grands fléaux du Genre humain, la Guerre, la Peſte & la Famine. Si donc il étoit certain que dans les anciens tems la Terre étoit plus peuplée qu'elle ne l'eſt à préſent, ſans que l'on puiſſe trouver des cauſes morales d'un ſi grand changement, pluſieurs penſent qu'il ſuffiroit de ces cauſes phyſiques pour nous ſatisfaire ſur ce Chapitre.

Mais eſt-il certain que les Nations Anciennes étoient auſſi peuplées qu'on le prétend ? On ne connoît que trop les extravagances de Voſſius à ce ſujet †. Un Auteur de

---

† Conſéquemment à ſon ſyſtème, il réduit le nombre des Habitans de l'Europe de ſon ſiécle à trente millions. Il en donne le calcul, où il évalue celui des Habitans de la France à cinq millions ; eſtimation qui

beaucoup plus de génie & de dif-
cernement que lui, a ofé affurer
que fuivant les meilleurs calculs
dont de pareilles matieres foient
fufceptibles, il n'y a pas aujourd'hui
la cinquantiéme partie du Genre
humain fur la Terre, qui y étoit du
tems de Jules Céfar (*a*). On doit

---

s'éloigne fi fort de la vérité, qu'elle fuffit
feule pour faire fentir le faux & le ridicule
de fes autres calculs. La France paffe pour
avoir vingt millions d'hommes, & ceux qui
lui en donnent le moins lui en accordent
feize.

(*a*) Lettres Perfanes. Voyez auffi l'Efprit des Loix, *Livre XXIII. Chap.* 17. 18.
& 19.

C'eft dans la cent huitiéme des Lettres
Perfanes que M. le Préfident DE MONTES-
QUIEU avance ce fentiment, & l'appuie
moins fur des calculs hafardés, que fur des
faits dont l'évidence paroît frappante. Qu'il
me foit permis d'ajoûter ici que fi M. HUME
a quelques raifons de révoquer en doute le

bien se douter que les comparaisons en ce cas ne peuvent être que très-imparfaites, même en nous confinant dans les bornes de l'ancienne Histoire ; l'Europe & les Pays situés autour de la Mer Méditerranée. Nous ne connoissons pas exactement le nombre d'Hommes d'aucun Royaume de l'Europe d'à pré-

témoignage des Historiens, qui souvent exagerent ou se contredisent, il est difficile de se refuser à celui des Monumens qui subsistent encore, & qui semblent déposer contre lui & en faveur de ceux dont il entreprend de réfuter les opinions. Si l'autorité de Diodore de Sicile est suspecte, celle des Pyramides d'Egypte ne l'est pas. Le Collisée, où près de cent mille hommes pouvoient être assis à un Spectacle, donne plus d'idée de l'immensité de la Ville de Rome, que tout ce que les Historiens en ont écrit. Quelles Villes que Persépolis, que Palmyre, à en juger par les ruines !

sent, pas même d'aucune Ville : Comment pouvons-nous prétendre de calculer celui des Villes & des Etats de l'Antiquité, dont les Hif-toriens nous ont laissé des traces si imparfaites ? Quant à moi, la chose me paroît si problématique, que comme j'ai dessein de hasarder quelques réflexions à ce sujet, je crois devoir mêler aux recherches concernant les causes, celles concernant les faits.

Nous considérerons premiérement, s'il est probable, par ce que nous connoissons de la situation de la Société dans les tems Anciens ou dans ceux d'aujourd'hui, que l'Antiquité ait été beaucoup plus abondante en Peuples ; secondement, si réellement elle l'étoit : Au cas que je puisse faire voir que la conclusion est moins certaine qu'on ne le prétend en faveur de l'Antiquité ; j'obtiens c'est tout ce que je souhaite.

En général, nous devons remarquer que la queſtion à l'égard de l'abondance comparative de Peuple dans tels Siécles, ou dans tels Royaumes, entraîne de très-grandes conféquences, & communément détermine la préférence de leur Politique, de leurs mœurs, & de la Conſtitution de leur Gouvernement : car comme il y a dans tous les individus & de l'un & de l'autre Sexe, un déſir & un pouvoir de génération plus actifs qu'ils ne ſont univerſellement exercés, ce qui y met obſtacle, ne peut venir que de la ſituation embaraſſée des Hommes qu'il appartient à un Gouvernement ſage d'obſerver ſoigneuſement & d'éloigner †. Tout homme d'ordinaire

———————————————

† L'Auteur des *Remarques ſur les Avantages & les Déſavantages de la France & de*

qui croit pouvoir entretenir une famille, veut en avoir une. A partir de ce principe pour la propagation, l'espéce humaine feroit plus que doubler à chaque génération, si chacun se marioit auffi-tôt qu'il parvient à l'âge de Puberté. Avec quelle promptitude les Hommes ne multiplient-ils pas dans chaque Colonie & dans tout nouvel établiffement

---

la *Grande-Bretagne par rapport au Commerce, &c.* fait fentir en peu de paroles toute la juftelle de cette Réflexion.

» C'eft en proportion du nombre des » hommes qu'il poffède, qu'un Etat peut » être eftimé plus puiffant : c'eft en pro- » portion du nombre de fes hommes, que » fes terres peuvent être mieux cultivées ; » que les bras qui manufacturent, & les bras » qui le défendent font plus nombreux ; que » les Taxes & les charges font moins pefan- » tes fur chacun. «

§. V. Page 266. de la feconde Edition.

où il est aisé de pourvoir aux besoins d'une famille , & où l'on n'est pas gêné & assujetti comme dans les Gouvernemens établis depuis long-tems. L'Histoire nous parle souvent de pestes qui ont emporté la troisiéme ou la quatriéme partie d'un Peuple ; cependant dans une génération ou deux, on ne s'appercevoit plus de la destruction , & la Société se trouvoit remontée à son premier nombre. Les terres qui étoient cultivées, les maisons bâties, les denrées communes, & les richesses acquises mettoient ceux qui avoient échappé en état de se marier immédiatement, & d'élever des familles qui prenoient la place de celles qui avoient péri (a).

(a) C'est par cette même raison que la petite Vérole ne dépeuple pas autant les

C'eft par une raifon femblable que tout Gouvernement fage, jufte & doux, en rendant la condition de fes fujets fûre & aifée, fera toûjours le plus abondant en Peuple, auffi-bien qu'en commodités & en richeffes. Un Pays, à la vérité, dont le climat & le fol font propres pour les Vins, fera naturellement plus peuplé qu'un qui ne produit que du blé, & celui-ci le fera auffi plus qu'un autre dont les pâturages feroient l'unique richeffe. Mais en fuppofant toute chofe égale, on

---

Pays qu'on l'imagineroit à la premiere vûe. Où il y a place pour plus de Peuple, il augmentera toûjours, fans le fecours des Actes de Naturalifation.

Don Geronymo de Uztariz, a remarqué que les Provinces d'Efpagne, qui envoient le plus de Peuple aux Indes, font les plus peuplées, ce qui vient de la fupériorité de leurs richeffes.

doit

doit s'attendre naturellement qu'où se trouve le plus de bonheur & de vertu avec le Gouvernement le plus sage, il doit y avoir aussi le plus de Peuple.

Cette question donc qui regarde la Population des tems anciens & modernes, étant reconnue pour être de la plus grande importance, il est nécessaire pour que nous puissions déterminer quelque chose, de considérer la situation Domestique & Politique de ces deux Périodes de tems, afin que l'on juge des faits par leur cause morale, ce qui est la premiere vue dans laquelle nous nous sommes proposé de les considérer.

La principale différence entre l'économie domestique des Anciens & celle des Modernes, consiste dans la pratique de l'Esclavage qui avoit lieu autrefois, & qui depuis quelques siécles a été abolie dans la plus grande partie de l'Europe. Quelques gens, admirateurs paſſionés des Anciens, & zélés Partiſans de la Liberté civile (car ces ſentimens, comme dans leur principe, ils ſont extrêmement juſtes, ſe trouvent être auſſi preſque inſéparables) ne peuvent s'empêcher de regretter la perte de cette inſtitution, & tandis qu'ils diffament toute ſoûmiſſion au Gouvernement d'une ſeule perſonne, du nom odieux d'Eſclavage, ils ſoûmettroient volontiers la plus grande partie du Genre humain à une ſujettion & à un Eſclavage réel. Mais celui qui conſidere les choſes de ſang-froid, trouvera que la Nature humaine en général jouit réellement de plus de Liberté, dans les Gouvernemens même les plus arbitraires de l'Europe, qu'elle n'en a jamais joui dans les plus florissantes Périodes des anciens tems.

Autant la soûmission à un petit Prince, dont le Domaine ne s'étend pas au-delà d'une seule Ville, est plus à charge que l'obéissance à un grand Monarque ; autant l'Esclavage domestique est plus cruel & plus oppressif, qu'aucune sujettion civile quelle qu'elle soit. Plus le Maître est éloigné de nous en distance & en dignité, plus nous avons de liberté, moins nos actions font examinées & contrôlées, & plus cette cruelle comparaison que nous sommes obligés de faire entre notre propre sujettion & la liberté, ou même l'empire qu'un autre a sur nous, devient foible. Ce qui subsiste encore d'Esclavage domestique dans nos Colonies, & parmi quelques Nations Européennes, ne doit sûrement pas faire désirer qu'il devint plus général †. Le peu d'humanité

---

† » Il eſt un plus beau ſpectacle à
» offrir, c'eſt la ſageſſe du Réglement de
» Louis XIV. dans le Code Noir, en faveur
» de ces malheureux. «

*Cette Loi ſi ſage, dont parle M. MELON,
pourroit bien être dans le cas de tant d'autres
que nous avons en France qui ne le ſont pas
moins, & qui ſont ſi mal exécutées. Il n'y a
pas apparence que les Eſclaves ſoient mieux
traités dans nos Colonies que dans celles d'Angleterre. Les Loix ont beau être humaines, il
n'eſt que trop vrai que l'intérêt particulier
rend les hommes barbares toutes les fois qu'ils
peuvent l'être impunément. J'ai déja eu la
bonne foi d'avouer que M. MELON a avancé
plus d'un Paradoxe dans ſon Eſſai ſur le Commerce. Voilà l'inconvénient des eſprits ſyſté-
matiques ; ils n'enviſagent les choſes que du
côté qui leur eſt favorable. L'Eſclavage, tout
pernicieux qu'il étoit pour la Société, avoit
quelques effets heureux, M. MELON les exagere & exténue les ſuites mille fois plus funeſtes qu'il entraînoit néceſſairement : il propoſe de rétablir l'Eſclavage ancien, tandis que*

que l'on observe communément dans des personnes accoûtumées dès leur enfance à exercer une si grande autorité sur des Créatures, leurs semblables, & à fouler aux piés la Nature humaine, suffiroit seule pour nous dégoûter de cette autorité. La raison la plus probable que l'on puisse donner de la sévérité, je pourrois dire de la barbarie des Mœurs de l'ancien tems, est cette pratique de l'Esclavage domestique, par laquelle chaque homme de quelque considération devenoit un petit Tyran, par l'éducation qu'il recevoit au milieu de la flatterie, de la soûmission & de l'avilissement de ses Esclaves.

Suivant la pratique des Anciens,

ce qu'il en reste sur la terre la dépeuple continuellement, & dégrade par-tout l'humanité.

toutes les précautions étoient contre les inférieurs pour les retenir
dans le devoir & la soumission ;
ils n'en avoient aucune contre les
supérieurs, pour les engager aux
devoirs réciproques de douceur &
d'humanité †. Dans nos tems mo-

---

† » Une pareille Constitution requére-
» roit des Loix particulieres & très-séveres
» pour prévenir le traitement barbare de ces
» Maîtres inhumains : cependant, après un
» plus mur examen, nous trouverons peut-
» être que la vie des Esclaves n'étoit pas
» aussi misérable que l'on se la figure au
» premier coup d'œil. «
   M. WALLACE, *Essai sur la différence*
du nombre des Hommes.
   On voit par-là que ce savant Auteur Anglois a adopté les principes de M. MELON
sur l'Esclavage, quoiqu'il soit forcé d'a-
vouer : » Qu'il est difficile, pour ne pas
» dire impossible, à tout homme qui a quel-
» que humanité, de se faire à l'institution
» d'un Esclavage domestique, & que quel-

dernes, un mauvais Domeſtique ne trouve pas aiſément un bon Maître, ni un mauvais Maître, un bon Domeſtique. Les uns & les autres ſont contenus mutuellement, conformément aux loix inviolables & éternelles de la raiſon & de l'équité.

La coûtume d'expoſer les Eſ-

» que avantage particulier qui l'accompa-
» gne, on ne ſauroit y penſer ſans une vive
» compaſſion, & une eſpéce d'horreur ſe-
» crette. A Dieu ne plaiſe, dit-il, que je
» devienne jamais l'Apologiſte de l'Eſcla-
» vage Eccléſiaſtique, Civil ou Domeſti-
» que, &c. « Sans relever l'eſpéce de contradiction qui ſe trouve dans ces différens
paſſages de M. WALLACE, ainſi que dans
ce que M. MELON a écrit ſur le même ſujet, il me paroît que M. HUME a très-bien répondu aux raiſons de l'un & de l'autre, & qu'il eſt difficile de rien oppoſer à la ſolidité des ſiennes.

E iiij

claves vieux , inutiles ou malades ,
dans une Ifle du Tibre , pour y mourir de faim , paroît avoir été affez
commune à Rome ; quiconque
en réchappoit , après avoir été
ainfi expofé , étoit déclaré libre par
un Edit de l'Empereur Claude ,
par lequel il eft auffi défendu de
tuer aucun Efclave uniquement pour
caufe de vieilleffe ou de maladie (a). Mais fuppofons que perfonne
ne défobéit à cet Edit , pouvoit-il
rendre meilleur le traitement Domeftique des Efclaves ? leur vie en
devoit - elle être beaucoup plus
douce ? Nous pouvons imaginer ce
que faifoient les autres , lorfque c'é-
toit la maxime connue de Caton
l'Ancien , de vendre fes Efclaves fu-
rannés à quelque prix que ce fût, plu-

(a) Suétone , dans la Vie de Claudius.

tôt que de les entretenir dans un tems où il ne les regardoit plus que comme un fardeau inutile (*a*).

Ces especes de prisons particulieres que les Romains appelloient *Ergastula* , où à force de coups on faisoit travailler les Esclaves enchaînés, étoient très-communes dans toute l'Italie : Columelle conseille de les bâtir toûjours sous terre (*b*), & recommande (*c*), comme le devoir d'un surveillant prudent , d'appeller tous les jours chaque Esclave par son nom, ainsi que cela se pratique à la revue d'un Régiment , afin que si quelqu'un d'eux vient à déserter, on le sache aussi-tôt. Une preuve de la multitude de ces sor-

(*a*) Plutarque , dans la Vie de Caton.
(*b*) Liv. 1. Chap. 6.
(*c*) *Id.* Liv. 11. Chap. 1.

tes de prisons, & du grand nombre
d'Esclaves qui y étoient renfermés,
c'est ce que dit Tite-Live : *Partem
Italiæ Ergastula à solitudine vindi-
cant.*

Il étoit ordinaire à Rome d'avoir
pour Portiers des Esclaves enchaînés, comme il paroît par Ovide &
par d'autres Auteurs (*a*). Si les Romains n'eussent dépouillé tout sen-
timent de compassion pour cette
partie malheureuse de leur espece,
auroient-ils à l'entrée de leurs maisons (*b*) présenté à leurs amis,
une pareille image de la sévérité
du Maître, & de la misere de l'Esclave ?

Rien n'étoit si commun, dans

(*a*) *Amor. Lib.* 1. *Eleg.* 6.
(*b*) *Sueton. De Claris Autoribus.* Un ancien Poëte a dit : *Janitoris tintinnire impedi-
menta audio.*

tous les Procès, même en matiere civile, que d'employer le témoignage des Esclaves qui leur étoit toûjours arraché par la violence des tourmens. Démosthène dit (*a*) que lorsque pour le même fait, il étoit possible de produire comme témoins des hommes libres ou des Esclaves, les Juges préféroient toûjours la torture des Esclaves comme une preuve plus certaine & plus infaillible (*b*).

Sénéque fait un portrait de ce luxe désordonné, qui change le jour en nuit & la nuit en jour, & renverse toutes les heures établies pour chaque office de la vie. Parmi

---

(*a*) *In Oneterum. Orat.* 1.

(*b*) La même chose se pratiquoit à Rome ; mais Cicéron ne paroît pas croire ce témoignage si certain que celui des Citoyens libres. *Pro Cœlio.*

d'autres circonſtances telles que le dérangement du tems , des repas & des bains , il dit que régulierement environ la troiſiéme heure de la nuit , les voiſins de celui qui vivoit ſans ce rafinement de délicateſſe, entendoient le bruit des coups de fouets & de verges, & voulant en ſavoir la cauſe , apprenoient que ce voiſin ſe faiſoit alors rendre compte de la conduite de ſes Domeſtiques , & leur faiſoit la correction qu'ils avoient méritée. Il ne remarque pas ceci comme un exemple de cruauté , mais ſeulement du déſordre qui changeoit les heures qu'une coûtume établie avoit fixées , pour les actions mêmes les plus communes & les plus régulieres (*a*).

(*a*) *Sénéque , Epit.* **CXXII.** Les Jeux inhumains de Rome doivent être auſſi conſi-

Mais notre affaire présente est

---

dérés, comme l'effet du mépris de ce Peuple pour les Esclaves, & étoient réellement
en grande partie cause de l'inhumanité générale de leurs Princes & de leurs Gouverneurs. Qui peut lire sans horreur les récits
des Divertissemens de l'Amphithéatre ? Ou
qui peut être surpris que les Empereurs trai-
tassent ce Peuple de la même maniere qu'il
traitoit ses inférieurs ? Avec de l'humanité
à cet égard, on seroit tenté de renouveller
le barbare désir de Caligula, que le Peuple
n'eût qu'un cou. Un homme auroit presque
du plaisir à pouvoir, par un seul coup,
mettre fin à une pareille Race de monstres.
» Vous pouvez remercier Dieu, dit l'Au-
» teur que j'ai déja cité (*Epit. VII.*) s'adres-
» sant lui-même au Peuple Romain, de ce
» que vous avez un Maître (à savoir Né-
» ron, ce Prince si doux & si humain) qui
» est incapable d'apprendre la cruauté de
» votre exemple. « Sénéque écrivoit ceci au
commencement du Regne de Néron, qui,
dans la suite, leur convint assez bien par sa
férocité, que la vûe des Spectacles, aux-

feulement d'examiner fi l'efclavage peupleroit plus ou moins un Etat. On prétend qu'à cet égard la pratique des Anciens a l'avantage, & qu'elle étoit la caufe de cette extrême abondance de Peuple que l'on fuppofe dans ces tems-là. A préfent, tous les Maîtres empêchent tant qu'ils peuvent le mariage des Domeftiques garçons, & pour quelque raifon que ce foit, ne veulent pas permettre celui des filles, que l'on fuppofe alors entierement incapables de fervir ; mais lorfque les Domeftiques appartiennent au Maître en propriété, leur mariage & leur fécondité font fes richeffes, & lui apportent une fucceffion d'Efclaves qui occupent la place

---

quels il avoit été accoûtumé dès l'enfance, avoit fans doute augmentée confidérablement.

de ceux que leur âge ou leurs in-
firmités mettent hors d'état de fervir ; ainfi il encourage leur propagation autant que celle de fon bétail , il éleve les jeunes Efclaves
avec le même foin , & leur fait
apprendre quelque Art ou quelque
Métier qui puiffent les lui rendre
plus profitables. Les Opulens par
cette Politique font du moins in-
térefJés à l'Etre , finon au bien être
des Pauvres, & s'enrichiffent eux-
mêmes , en augmentant le nombre
& l'induftrie de ceux qui leur font
foumis.

Chaque homme étant un Souverain dans fa propre famille , a le
même intérêt en ce qui la regarde , qu'un Prince en ce qui regarde
fon Etat , & n'a pas comme lui des
motifs contraires d'ambition , ou
de vaine gloire qui puiffent le conduire à dépeupler fa petite fouve-

raineté. Elle eſt toute entiere dans tous les tems ſous ſes yeux, & il a le loiſir de faire attention aux plus petits détails du mariage & de l'éducation de ſes Sujets (*a*).

Telles ſont au premier aſpect les conſéquences de l'Eſclavage Domeſtique ; mais ſi nous approfondiſſons la matiere, peut-être trouverons-nous des raiſons de rétracter

------

(*a*) Nous devons obſerver ici que ſi l'eſclavage Domeſtique étoit réellement favorable à la multiplication du Peuple, ce ſeroit une exception à la régle générale, qu'une Société, quelle qu'elle ſoit, n'eſt d'ordinaire peuplée, qu'en proportion qu'elle eſt heureuſe. Un Maître par humeur ou par intérêt, peut rendre ſes Eſclaves très-malheureux, & cependant être très-attentif par intérêt à augmenter leur nombre. Leur mariage n'eſt pas plus pour eux une matiere de choix, que toute autre action de leur vie.

un

un jugement si précipité. La comparaison est choquante entre la di-
rection de Créatures humaines &
l'économie du bétail ; mais étant
extrêmement juste en l'appliquant
au sujet présent, elle est très-propre à
nous en faire sentir les conséquences. Près de la Capitale & de toutes les grandes Cités , dans toutes
les Provinces riches & industrieuses ,
on éleve peu de bétail : les provisions , le logement , le travail y
sont trop chers ; les hommes trouvent mieux leur compte à acheter le bétail lorsqu'il a un certain
âge , des Pays plus éloignés , & où
l'on vit à meilleur marché. Un
enfant que l'on éléveroit à Londres
jusqu'à ce qu'il fut en état de servir ,
coûteroit bien plus cher que d'en
acheter un du même âge en Ecosse
ou en Irlande , où il auroit été élevé dans un Hameau , couvert de

haillons & nourri de gruau d'avoine ou de pommes de terre. Ceux donc qui auroient des Esclaves dans tous les Pays les plus riches & les plus peuplés, chercheroient à empêcher la grossesse des Femmes, & quand ils n'auroient pû la prévenir, en détruiroient le fruit. L'espéce humaine périroit où elle doit multiplier le plus vîte, & auroit besoin d'être recrutée continuellement par les Provinces les plus pauvres & les plus désertes : ce qui tendroit insensiblement à dépeupler l'Etat, & à rendre les grandes Villes dix fois plus destructives que parmi nous, où chaque homme est Maître de lui-même, & a soin de ses enfans par l'instinct tout-puissant de la Nature, & non par les calculs d'un sordide intérêt. Si Londres à présent, sans beaucoup augmenter, a besoin annuellement d'une recrue

des Provinces de cinq mille hommes, comme on le calcule ordi-
nairement, que ne demanderoit pas
cette Capitale si la plus grande
partie des Marchands, des Artisans
& du Peuple ordinaire étoient Esclaves, & que leurs Maîtres ava-
ricieux les empêchassent de faire des
enfans ?

Les Anciens Auteurs nous disent
qu'il y avoit un flux perpétuel d'Esclaves en Italie qui étoient tirés des
Provinces les plus éloignées, particulierement de la Syrie, de la Cilicie (a), de la Cappadoce, de
l'Asie Mineure, de la Thrace & de
l'Egypte. Cependant le nombre
du Peuple n'augmentoit pas, &

____

(a) On a souvent vendu dix mille Esclaves dans un jour pour l'usage des Romains à Délus en Cilicie. *Strabon, Liv. 14.*

les Ecrivains se plaignent de la diminution continuelle de l'industrie & de l'Agriculture (*a*). Où est donc cette extrême fécondité des Esclaves chez les Romains que l'on a coûtume de supposer ? Bien loin de multiplier , il semble qu'ils ne peuvent pas sans d'immenses recrues maintenir le même fonds de Peuple ; quoiqu'une multitude de ces Esclaves fussent continuellement affranchis & convertis en Citoyens Romains , le nombre de ceux-ci même n'a commencé à augmenter que lorsque la Liberté de la Cité a été communiquée aux Provinces étrangeres.

(*a*) *Columella , Lib.* 1. *Proem.* & *Cap.* 2. & 7. *Varro , Lib.* 3. *Cap.* 1. *Horat. Lib.* 2. *Od.* 15. *Tacit. Annal. Lib.* 3. *Cap.* 54. *Sueton. in vitâ Aug. Cap.* 42. *Pline Lib.* 18. *Cap.* 13.

Le terme pour exprimer un Efclave, né & élevé dans la famille, étoit *Verna* (*a*). Il paroît que par

---

(*a*) Comme *Servus* étoit le nom du genre, *Verna* étoit celui de l'efpéce, fans aucun terme corrélatif ; cela forme une forte préfomption que les derniers étoient de beaucoup les moins nombreux. C'eft une obfervation univerfelle que nous pouvons former fur quelque Langue que ce foit, que lorfque deux parties rélatives d'un tout, font l'une avec l'autre en quelque proportion, en nombre, rang ou confidération, on invente toûjours des termes corrélatifs, qui expriment leur relation mutuelle. S'il y a trop de difproportion de l'une à l'autre, le terme n'eft inventé que pour la moindre partie, feulement pour la diftinguer du tout. Ainfi Homme & Femme, Maître & Domeftique, Pere & Fils, Prince & Sujet, Etranger & Citoyen font des termes corrélatifs : mais ces mots, Matelots, Charpentier, Forgeron, Tailleur, &c. n'ont point de termes correfpondans qui expriment ceux qui ne font ni Matelots, ni Charpentiers,

la Coûtume ces Esclaves joüissoient

&c. Les Langues different beaucoup à l'é-
gard des mots particuliers où cette distinction a lieu , & l'on peut tirer de-là de fortes présomptions touchant les Mœurs & les
Coûtumes des différentes Nations. Le Gouvernement militaire des Empereurs Romains avoit élevé si haut la profession des
armes , que les Soldats balançoient tous les
autres Etats. De-là *Miles* & *Paganus* devin-
rent des termes rélatifs , chose jusqu'alors
inconnue dans les anciennes Langues , &
qui l'est encore dans nos langages modernes. La superstition moderne a élevé le
Clergé si haut , que les Ecclésiastiques ont
emporté la balance sur tous les autres Etats.
De-là *Ecclésiastiques* & *Laïques* sont des termes opposés dans toutes les Langues modernes , & dans celles-là seules. J'infere des
mêmes principes , que si le nombre des Esclaves achetés par les Romains des Pays
étrangers , n'eût pas de beaucoup excédé le
nombre de ceux élevés dans les familles ,
Verna auroit eu un mot corrélatif , pour exprimer la première espéce d'Esclaves : mais

de beaucoup de priviléges au-deſſus des autres, ce qui étoit une raiſon ſuffiſante aux Maîtres, pour n'en vouloir pas élever pluſieurs de cette eſpéce (*a*). Quiconque connoît les maximes de ceux qui ont des Plantations, n'aura pas de peine à convenir de la juſteſſe de cette Obſervation (*b*).

---

il paroît que ceux-ci compoſoient le principal Corps des anciens Eſclaves, & que les derniers n'étoient que quelques exceptions.

(*a*) *Verna* eſt employé par les Ecrivains Romains, comme un mot équivalent à *Scurra*, attendu la pétulance & l'impudence de ces Eſclaves. *Mart. Lib.* 1. *Epiſt.* 42. *Vernæ procaces*, dit Horace. *Vernula Urbanitas*, Petron. *Cap.* 24. *Vernularum licentia*, Sen. de Provid. *Cap.* 1.

(*b*) On compte dans les Indes Occidentales, qu'un fonds d'Eſclaves déchoit de cinq pour cent chaque année, à moins qu'on

Atticus est beaucoup loué par son Historien pour le soin qu'il prenoit de recruter sa famille d'Esclaves qui y étoient nés (*a*). Ne peut-on pas inférer de-là que cette pratique alors n'étoit pas fort commune ?

Les noms d'Esclaves dans les Comédies Grecques, *Syrus*, *Myfus*, *Geta*, *Thrax*, *Davus*, *Lydus*, *Phryx*, &c. donnent tout lieu de préfumer qu'à Athènes, du moins, la plûpart des Esclaves étoient tirés des Nations étrangeres. » Les Athé-» niens, dit Strabon (*b*), ont don-

---

n'achete de nouveaux Esclaves pour le recruter. On ne peut pas les tenir à leur nombre, même dans ces Pays chauds où les habits & les provisions coûtent si peu. Combien plus cela arriveroit-il en Europe, & dans des grandes Villes ?

(*a*) *Corn. Nepos*, *in vitâ Attic.*
(*b*) *Lib.* 7.

» né

» né à leurs Esclaves, ou les noms
» des Pays où ils ont été ache-
» tés, comme *Lydus*, *Syrus*, ou les
» noms qui étoient les plus com-
» muns parmi ces Nations, comme
» *Manès* ou *Midas* à un Phrygien,
» *Tibias* à un Paphlagonien. «

Démosthène après avoir parlé d'une Loi qui défend à tout Homme, de frapper l'Esclave d'un autre, loue l'humanité de cette Loi; & ajoûte que si les Barbares de qui on achetoit des Esclaves étoient informés de la douceur avec laquelle on traitoit leurs Compatriotes, ils auroient une grande estime pour les Athéniens (*a*). Isocrate dit aussi que chez les Grecs tous les Esclaves étoient Barbares.

Tout le Monde sait que Dé-

____

(*a*) *In Midiam. pag.* 221. *ex edit. Aldi.*

mosthène pendant sa minorité fut frustré d'une ample fortune par ses Tuteurs, & que dans la suite il vint à bout par un Procès de recouvrer la valeur de ce Patrimoine. Nous avons encore ses Oraisons sur ce sujet, qui contiennent un détail exact de tout ce que lui avoit laissé son Pere (*a*), en argent, marchandises, maisons & Esclaves, avec la valeur de ces différentes sortes de bien. Il avoit cinquante-deux Esclaves tous Artisans, dont trente-deux étoient Fourbisseurs, & les vingt autres étoient Ouvriers en Ebénisterie (*b*), &c. tous mâles. Il ne dit pas un mot des Femmes, des Enfans ou de la Famille, ce

---

(*a*) *In Aphobum*, *Orat.* 1.

(*b*) κλινοποιοι, qui faisoient de ces sortes de lits sur lesquels les Anciens se couchoient pour prendre leurs repas.

qu'il eût certainement fait, si c'eût
été l'usage ordinaire à Athènes de
multiplier les Esclaves par les mariages : la valeur du tout auroit
beaucoup dépendu de cette circonftance. Il n'eft pas même fait mention d'Esclaves, Femmes ou Filles,
si ce n'eft de quelques Servantes qui
appartenoient à fa Mere. Cet argument a beaucoup de force, s'il n'eft
pas entiérement déciffif.

Examinons un paffage où Plutarque parle de l'Ancien Caton (a).
» Il avoit, dit-il, un grand nom-
» bre d'Esclaves qu'il prenoit foin
» d'acheter aux marchés des Prifon-
» niers de guerre, & il les choifif-
» foit jeunes, afin qu'ils puffent
» s'accoutumer aifément à quelque
» maniere de vivre que ce fût, &

____

(a) In vitâ Catonis.

» qu'on pût auſſi les former aux
» affaires ou au travail, comme on
» dreſſe de jeunes Chiens & de jeu-
» nes Chevaux . . . . . & regar-
» dant l'amour, comme la ſource
» de tous les déſordres, il permet-
» toit aux Hommes d'avoir com-
» merce avec les Femmes dans ſa
» famille, en lui payant une cer-
» taine ſomme pour ce privilége ;
» mais il défendoit rigoureuſement
» toute intrigue au-dehors. « Voit-
on dans ce récit la moindre indica-
tion de ce ſoin, que l'on ſuppoſe
dans les Anciens, du mariage & de
la propagation des Eſclaves ? Si
c'eût été une pratique commune,
fondée ſur l'intérêt général, elle
eût ſûrement été ſuivie par Caton,
le plus grand Econome qui ait vécu
dans des tems où l'ancienne frugalité & la ſimplicité de mœurs, étoient
encore en crédit & en réputation.

Il est expressément remarqué par les Ecrivains des Loix Romaines, qu'il n'arrivoit presque jamais que l'on achetât des Esclaves, dans l'intention d'avoir de leur Race (*a*).

(*a*) *Non temere ancillæ ejus rei causa comparantur ut pariant.* Digest. Lib. 5. tit. 3. De Hæred. Pet. Lex. 27. Les Textes suivans serviront à confirmer ce que j'avance : *Spadonem morbosum non esse neque vitiosum, verius mihi videtur ; sed sanum esse, sicuti illum qui unum testiculum habet qui etiam generare potest.* Digest. Lib. 2. tit. 2. De Ædilicio edicto, Lex 6. Sect. 2. *Sin autem quis ita spado sit, ut tàm necessaria pars corporis penitùs absit, morbosus est.* Id. Lex 7. On ne regardoit à ce qu'il paroît l'impuissance de l'Esclave, qu'autant qu'elle pouvoit affecter sa santé ou sa vie ; à d'autres égards, on ne l'en estimoit pas moins. Le même raisonnement est encore employé au sujet des femmes Esclaves. *Quæritur de ea muliere quæ semper mortuos parit, an morbosa sit, & ait Sabienus, si vulvæ vitio hoc*

J'avoue que nos Laquais & nos
Femmes de Chambre ne servent
pas beaucoup à multiplier l'espéce ;
mais les Anciens, outre ceux qui
étoient pour le service de leur personne, faisoient faire leurs travaux
de toute espéce, par des Esclaves
qui vivoient pour la plûpart dans
leurs Familles ; & des Romains en

contigit, morbosam esse. Id. Lex 14. Il a
même été mis en question si une Femme
grosse étoit malade ou viciée, & il a été
décidé qu'elle étoit saine, non à cause de la
valeur du fruit dont elle étoit enceinte,
mais parce que c'est l'office naturel des Femmes de faire des Enfans. *Si mulier prægnans
venerit, inter omnes convenit sanam eam esse.
Maximum enim ac præcipuum munus fœmi-
narum accipere, ac tueri conceptum. Puer-
peram quoque sanam esse : si modo nihil ex-
trinsecus accedit, quod corpus ejus in aliquam
valetudinem immitteret. De sterili Celius dis-
tinguere Trebatium dicit ut si natura sterilis
sit, sana sit, si vitio corporis contra. Id.*

ont eu jufqu'au nombre de dix mille. Si donc il y a quelque foupçon que cette inftitution étoit contraire à la propagation, (& à cet égard les anciens Efclaves & nos Domeftiques modernes reviennent à peu près au même) combien l'efclavage ne doit-il pas avoir été deftructif ?

L'Hiftoire parle d'un Noble Romain, qui avoit quatre cens Efclaves fous le même toit avec lui, & qui ayant été affaffiné par quelques furieux d'entre eux, qui avoient voulu fe venger, la Loi fut exécutée à la rigueur, & tous fans exception furent mis à mort (*a*). Plufieurs autres Nobles Romains avoient des Familles auffi nombreufes, ou même davantage, & l'on

------

(*a*) *Tacit. Ann. Lib.* 14. *Cap.* 43.

m'avouera, je crois, que cela eût été à peine praticable, si tous les Esclaves avoient été mariés (*a*).

Dès le tems du Poëte Hésiode (*b*), les Esclaves mariés de l'un & de l'autre sexe étoient regardés comme un inconvénient ; combien plus dans les lieux où les familles s'étoient augmentées aussi prodigieusement qu'à Rome, lorsque l'ancienne simplicité des mœurs fut bannie de toutes les sortes de rangs de Citoyens ?

(*a*) Les Esclaves dans les maisons des Grands avoient de petites Chambres qui leur étoient assignées, & que l'on appelloit *Cellæ*, d'où l'on a pris le nom de *Cellules* pour celles que les Moines occupent dans leur Couvent. Voyez sur ce Chapitre, *Just. Lips. Saturn.* 1. *Cap.* 14. Ces petites Chambres forment de fortes présomptions contre le mariage & la propagation des Esclaves.

(*b*) *Opera & Dies*, *Lib.* 2. *L.* 24. & aussi *L.* 220.

Xénophon dans ses Economiques, où il enseigne les moyens de conduire une Ferme, recommande d'avoir grande attention de tenir les hommes & les femmes Esclaves à des distances les uns des autres. Il ne paroît pas supposer qu'ils soient jamais mariés. Les seuls Esclaves parmi les Grecs qui paroissent avoir continué leur propre espéce, étoient les Elotes qui avoient leurs maisons à part, & qui étoient plus les Esclaves du Public que des particuliers (*a*).

Les Anciens parlent si fréquemment d'une portion de provisions fixe & assignée à chaque Esclave (*b*), que cela nous mene à croire que leurs Esclaves vivoient presque seuls, & recevoient cette por-

––––––––

(*a*) Strabon, *Lib.* 8.
(*b*) *Cato, de Re Rusticâ, Cap.* 56. *Donatus in Phormion, L.* 1. 9. *Seneca, Epist.* 80.

tion comme ce qui leur étoit réglé pour leur dépense de bouche.

La pratique de marier les Esclaves ne paroît pas avoir été fort
ordinaire, même parmi les Laboureurs de la Campagne, où il seroit
plus naturel de l'attendre. Caton
(*a*) comptant les Esclaves néces-
saires pour cultiver une vigne
de cent acres, les fait monter à
quinze. Le Fermier & sa Femme,
Villicus & Villica, & treize Esclaves mâles. Pour une plantation
d'oliviers de deux cens quarante
acres, le Fermier & sa femme,
& onze Esclaves mâles ; & ainsi en
proportion pour une vigne ou
une plantation d'oliviers d'une plus
grande ou d'une moindre étendue.

Varron citant ce passage de Caton, convient que son calcul est

____

(*a*) *De Re Rust. Cap.* 10. *& 11.*

jufte en tout autre point, excepté
le dernier : car comme il eft néceffaire, dit-il, d'avoir un Fermier &
fa Femme, foit que le vignoble ou
la plantation foient confidérables
ou non, cela doit altérer l'exactitude de la proportion. Si le calcul
de Caton eût été défectueux à quelque autre égard, il eût certainement été corrigé par Varron qui
paroît prendre plaifir à relever une
erreur fi légere.

Ce même Auteur (*a*), auffi-bien
que Columelle (*b*), recommande
comme une chofe néceffaire, de donner une Femme au Fermier afin de
l'attacher plus fortement au fervice
de fon Maître. C'étoit donc une
grace particuliere accordée à un Ef-

____

(*a*) Lib. 1. Cap. 17.
(*b*) Lib. 1. Cap. 18.

clave en qui l'on avoit une si grande confiance.

Dans le même endroit, Varron conseille comme une précaution utile, de ne pas acheter trop d'Esclaves de la même Nation, pour éviter les factions & les séditions dans la famille. Ce qui donne lieu de présumer qu'en Italie la plus grande partie des Esclaves, même pour labourer la Campagne, (car il ne parle pas d'autres) étoit achetée des Provinces éloignées. Tout le monde sait que les Esclaves à Rome qui servoient à la représentation & au luxe, y étoient communément transportés de l'Orient. *Hoc profecere*, dit Pline en parlant du soin jaloux des Maîtres, *mancipiorum legiones, & in domo turba externa, ac servorum quoque causa nomenclator adhibendus* (*a*).

____

(*a*) *Lib.* 33. *Cap.* 1.

Varron recommande , à la vérité , que dans la famille on ait foin
que les Bergers aient des enfans
pour leur fuccéder dans le même
emploi : car les Fermes pour en-
greffer le bétail étant communément dans des lieux éloignés , & où
les denrées étoient à vil prix , &
chaque Berger vivant à part dans
un Hameau , fon mariage & l'augmentation de fa famille n'étoient
pas fujets aux mêmes inconvéniens
que dans les lieux où les denrées
étoient plus cheres , & où plufieurs
Efclaves vivoient enfemble ; c'eft
le cas où fe trouvoient généralement toutes les Fermes des Romains qui produifoient du vin ou
du blé. Si nous faifons attention à
cette exception à l'égard des Bergers , & fi nous en pefons les raifons , nous y trouverons de quoi
nous confirmer puiffamment dans

tous nos soupçons précédens (*a*).

Columelle (*b*), je l'avoue, conseille au Maître de donner une récompense, & même la liberté à une Femme Esclave qui lui a apporté au dessus de trois enfans : une preuve que quelquefois les Anciens favorisoient la propagation de leurs Esclaves, ce que l'on ne sauroit nier. Sans cela la pratique de l'esclavage étant si commune dans l'Antiquité, elle seroit devenue destructive à un dégré qu'aucun expédient n'auroit pû réparer une perte d'hommes si considérable. Tout ce que j'ai prétendu prouver jusqu'ici, c'est que l'esclavage en général est contraire au bonheur & à la multipli-

---

(*a*) *Pastoris duri hic est filius ille bulbuci.* Juven. Sat. XI.

(*b*) Lib. 1. Cap. 8.

cation du Genre humain, & que l'ufage de nos Domeftiques à gages qui nous en tient lieu, eft préférable †.

------

† » Si des conventions particulieres tou-
» jours tempérées par la Loi, régloient la
» deftinée des Efclaves, l'idée de barbarie
» s'effaceroit bientôt, & il n'eft peut-être
» pas difficile de tourner l'efclavage de telle
» forte, qu'il aura une compenfation avan-
» tageufe fur la Liberté des Domeftiques,
» &c. «

» La Liberté du Domeftique le dégoûte
» du travail, &c. «

M. MELON, *Chapitre de l'Efclavage.*

*Il eft aifé de s'appercevoir que dans ce Dif-
cours rempli de tant d'érudition, M. HUME
n'a eu d'autre objet que de détruire les principes fur lefquels M. MELON fe fonde pour
prouver les avantages que la Société en général pourroit retirer de l'Efclavage. Des Mœurs
plus douces que celles des Grecs & des Romains, & un fiécle plus éclairé que ceux où
ils ont vécu, ne nous permettront jamais*

Les Loix, ou, comme quelques Ecrivains les appellent, les Séditions des Gracques furent occafionnées par les obfervations qu'ils firent fur l'augmentation des Efclaves en Italie, & la diminution des Citoyens libres. Appien (*a*) attribue cette augmentation à la propagation des Efclaves. Plutarque (*b*) à l'achat des Barbares qui étoient enchaînés & emprifonnés, βαρβαρικα δεςμωτηρια (*c*), & il eft à préfumer

-----

d'adopter un fyftème qui eft plus contraire à l'humanité qu'il ne l'a paru à M. MÉLON.

(*a*) *De Bell. Civ. Lib.* 1.

(*b*) *In vitâ Tib. & Corn. Gracch.*

(*c*) A ce fujet, voici un Paffage de Séneque l'Ancien. *Ex Controverfia* 5. *Lib.* 5. *Arata quondam populis rura, fingulorum Ergaftulorum funt ; latiufque nunc villici, quam olim Reges, imperant. At nunc eadem,* dit Pline, *vincti pedes, damnatæ manus, infcripti vultus exercent. Lib.* 18. *Cap.* 3.

que

que les deux causes y concouru-
rent.

La Sicile, dit Florus (*a*), étoit
pleine de ces Bâtimens destinés à
renfermer les Esclaves, & cultivée
par des Laboureurs enchaînés. Eu-
nus & Athénio exciterent la guerre
des Esclaves en forçant ces énormes
prisons †, & donnant la Liber-

Voyez aussi Martial :
Et sonet innumero compede Thuscus ager.

Lib. 9. Ep. 23.

. . . . Tum longos jungere fines
Agrorum & quondam duro fulcata Camilli,
Vomere & antiquas Curiorum pella ligones,
Longa sub ignotis extendere rura Colonis.

Lucan. Lib. 1.

. . . . Vinclo fossore coluntur
Hesperiæ segetes. Lib. 7.

(*a*) Lib. 3. Cap. 19.

† *En Angleterre, le pays de l'humanité &*
Tome II. H

té à six mille Esclaves. Le jeune

où il y a tant de Loix qui la respirent, il est
étonnant qu'on n'en fasse pas pour empêcher
les barbaries qui s'exercent dans les prisons,
à l'égard des malheureux qui y sont détenus
pour dettes. On en a porté souvent des plaintes inutiles au Parlement. Voici la peinture
qu'en fait THOMAS BASTON, dans une
Brochure imprimée en 1730. » Nos pauvres
» Prisonniers pour dette, dit-il, meurent
» de faim dans des cachots, sont enchaînés,
» fouettés, battus, assommés par la bruta-
» lité de celui qui les garde ; & si ces mi-
» sères & ces tourmens ne les tuent pas
» tout-à-fait, elles en réduisent quelques-
» uns à un tel désespoir, qu'ils se défont
» eux-mêmes, d'autres en deviennent fous :
» cependant toutes les plaintes contre ces
» démons incarnés sont rejettées, & le Ma-
» gistrat n'a aucune attention à la conduite
» des Géoliers. «

» Les prisons en France, en Hollande &
» dans les autres Pays, sont à la charge du
» Gouvernement. Le Géolier est payé par
» l'Etat. Le Prisonnier pour dette a une

Pompée augmenta fon armée en Efpagne par le même expédient *(a)*.

———————————————

» Chambre, un lit, du pain & de l'eau aux
» dépens du Public ; outre ce que le Créan-
» cier eft obligé par les Loix de fournir
» pour la fubfiftance du Débiteur, qui eft
» réglée fuivant la qualité & la maniere de
» vivre du Débiteur, avant qu'il tombât
» dans le malheur. Le Géolier n'a aucun
» pouvoir fur le Prifonnier. Il n'a rien à
» faire qu'à garder fes portes, & tenir fes
» Prifonniers en fûreté, jufqu'à ce qu'ils
» foient délivrés par la Loi ; ce qui ne peut
» tarder long-tems, car fi le Créancier ne
» fe laffe pas de nourrir le Débiteur, dans la
» plûpart des Pays, celui-ci obtiendra fa dé-
» livrance en faifant ceffion de fes biens.
» Mais ici un Anglois à qui la Liberté eft fi
» précieufe, fur le feul prétexte de dette,
» fera configné à la garde d'un *Bourreau*,
» & périra avant qu'il foit connu, s'il a
» enfreint aucune Loi, ou s'il eft dans le
» cas de celle que nous avons qui eft fi bar-
» bare au fujet des Dettes réelles. «

(*a*) Id. Lib. 4. Cap. 8.

H ij

Si les Laboureurs de la Campagne dans toute l'étendue de l'Empire Romain, étoient généralement dans cette situation, & s'il etoit difficile ou impossible de trouver des logemens séparés pour les familles des Esclaves de la Ville ; combien l'institution de l'Esclavage Domestique ne doit-elle pas paroître contraire à la propagation aussibien qu'à l'humanité ?

Constantinople à présent demande la même recrue d'Esclaves de toutes les Provinces, que Rome demandoit autrefois, & ces Provinces en conséquence font bien loin d'être peuplées.

L'Egypte, suivant M. Maillet, envoye des Colonies continuelles d'Esclaves noirs aux autres parties de l'Empire Turc, & reçoit annuellement un retour égal de blancs. Les uns font tirés des parties intérieures de l'Afrique, les autres de la Mingrelie, de la Circaſſie, & de la Tartarie.

Nos Couvents modernes ſont ſans doute de mauvaiſes inſtitutions † ;

---

† Sur ce point particulier, comme ſur pluſieurs autres, M. WALLACE penſe comme M. MELON, & tout différemment de M. HUME. Voici ſes propres expreſſions : » Quoique le Chriſtianiſme dans » ſa pureté primitive, ne ſoit pas défavora-» ble à la Société, cependant on peut quel-» quefois abuſer des meilleures inſtitutions, » & il ne ſeroit peut-être pas aiſé de juſti-» fier tous les Edits des Empereurs Chré-» tiens à ce ſujet ; ce qu'il y a de ſûr, c'eſt » que l'on peut regarder le nombre prodi-» gieux de Prêtres non mariés dans tous les » Pays Catholiques, qui font une ſi grande » partie de l'Europe, & celui des perſon-» nes du Sexe, qui dans les Couvens font » Vœu de virginité, comme une des prin-» cipales cauſes de la diſette de Peuple, » dans les Pays qui ſont ſous la domination

mais il est assez vrai-semblable qu'an-

» du Souverain Pontife. « On ne doit pas
être surpris que des Auteurs Protestans tien-
nent ce langage, lorsque les Ecrivains Catholiques les plus judicieux & les plus atta-
chés à la Religion ne peuvent s'empêcher
de former les mêmes plaintes.

Si l'Espagne, autrefois si peuplée, est
aujourd'hui déserte, c'est sur-tout au trop
grand nombre de Couvens, qu'il faut s'en
prendre selon les Auteurs Espagnols. » Je
» laisse, dit le célébre DON DIEGO DE
» SAAVEDRA, *dans son Emblême L X V I.* à
» ceux dont c'est le devoir à examiner si le
» nombre excessif des Ecclésiastiques & des
» Couvens, est proportionné aux Facultés
» de la Société des Laïques qui doit les en-
» tretenir, & s'il n'est pas contraire aux
» vûes mêmes de l'Eglise. Le Conseil de
» Castille dans le projet de Réforme qui fut
» présenté à Philippe III. en 1619. supplie
» le Roi d'obtenir du Pape, qu'il mette des
» bornes à ce nombre excessif de Réli-
» gieux, d'Ordres & de Couvens, qui s'ac-
» croît tous les jours, & de lui représenter

tiennement chaque grande famille

» les inconvéniens qui en réfultent. Celui
» qui rejaillit fur l'Etat Monaftique même ,
» ajoûte le Conſeil , n'eſt pas le moindre de
» tous ; le relâchement s'y introduit , parce
» que le plus grand nombre y cherche
» moins une pieuſe retraite que l'oiſiveté ,
» & un abri contre la néceſſité. Cet abus a
» les plus funeſtes conſéquences pour l'Etat
» & pour le ſervice de Votre Majeſté ; la
» force & la conſervation du Royaume con-
» ſiſte dans le grand nombre des hommes
» utiles & occupés. Nous en manquons , &
» par cette cauſe & par d'autres. Les Sécu-
» liers cependant s'appauvriſſent de plus en
» plus : les charges de l'Etat retombent
» uniquement ſur eux , tandis que les Cou-
» vens en ſont exemts , ainſi que les biens
» conſidérables qu'ils accumulent , & qui ne
» peuvent plus ſortir de leurs mains. Il ſe-
» roit donc très-convenable que Sa Sainteté
» informée de ces déſordres , réglât que les
» Vœux ne pourront être faits avant l'âge
» de vingt ans , & que l'on ne pourra entrer
» au Noviciat avant l'âge de ſeize ans. Un

en Italie , & probablement dans les autres parties du monde , étoit une espéce de Couvent. Quoique nous ayons lieu de hair ces établis-semens Religieux de la Communion Romaine , comme à charge au Public & oppressifs pour les pauvres prisonniers de l'un & de l'autre sexe qui y sont renfermés ; on peut douter encore s'ils dépeuplent autant un Etat qu'on l'imagine communément. Si la terre qui appartient à un Couvent étoit donnée à un Gentilhomme , il dépenseroit son revenu en Chiens, Chevaux, Va-

______

» grand nombre de Sujets ne prendroient
» plus alors cet Etat, qui, pour être plus
» parfait & plus sûr, n'en est pas moins le
» plus préjudiciable à la Société. «
Voyez le Chapitre CVII. du Livre inti-tulé : Théorie & Pratique de Commerce & de Marine.

lets

lets d'écurie, Laquais, Cuifiniers, &c. & fa famille ne fourniroit pas plus de Citoyens à l'Etat que le Couvent.

La raifon ordinaire qui fait que les parens enferment leurs Filles dans des Monafteres, c'eft pour n'être pas furchargés d'une trop nombreufe famille ; mais les Anciens avoient une méthode à peu près auffi innocente & plus efficace, pour fe délivrer de cette inquiétude ; ils expofoient de bonne heure leurs enfans. Cet ufage étoit très-commun, & aucun Auteur de ces tems-là n'en parle avec l'horreur qu'il mérite ; à peine en trouve-t-on un qui le blâme (a). Plutarque dont les écrits refpirent l'humanité & la bonté, loue comme une vertu dans

____

(a) Tacite le blâme, *De Morib. Germ.*

Attalus (*a*), Roi de Pergame, d'avoir assassiné, ou si vous le voulez exposé tous ses propres Enfans, afin de laisser sa Couronne au Fils de son frere Euménès, signalant ainsi sa reconnoissance & son affection pour son frere Euménès, qui l'avoit fait son héritier par préférence à ce fils. C'est Solon, celui des sages de la Grèce qu'on a le plus célébré, qui par une loi a donné aux parens la permission de tuer leurs enfans (*b*).

Faut-il admettre la compensation de ces deux circonstances, & conclurre que les vœux Monastiques & l'exposition des enfans sont également contraires à la propaga-

____

(*a*) *De Fraterno amore.* Sénéque approuve aussi qu'on expose les Enfans malades & infirmes. *De ira, Lib.* 1. *Cap.* 15.
(*b*) Sext. Empereur, *Lib.* 3. *Cap.* 24.

tion du Genre humain ? Je croirois pourtant qu'ici l'avantage eſt du côté de l'Antiquité. Le haſard auroit pû faire que par une étrange connexion de cauſes, la pratique barbare des Anciens rendît ce tems-là plus peuplé. Il pouvoit engager plus de gens à ſe marier, en ôtant les craintes d'une famille trop nombreuſe ; & telle eſt la force de l'affection naturelle, que peu d'hommes en comparaiſon des autres avoient aſſez de réſolution lorſque le moment arrivoit pour exécuter leur premiere intention.

La Chine, le ſeul Pays où ce barbare uſage d'expoſer les enfans prévaut encore aujourd'hui †, eſt

---

† L'uſage eſt d'expoſer les Garçons & de vendre les Filles ; ce qui prouve, comme on l'a déja remarqué, que la Police & les Mœurs des Chinois, du moins à beaucoup

le Pays le plus peuplé que nous connoiſſions. Tout homme y eſt marié avant d'avoir atteint vingt ans. On ne ſe marieroit pas généralement de ſi bonne heure, ſans la confiance que donne une maniere ſi aiſée de ſe débaraſſer de ſes enfans. J'avoue que Plutarque (*a*) en parle comme ſi en effet c'étoit la maxime générale des pauvres d'expoſer leurs enfans, & comme les riches avoient alors du dégoût pour le mariage, attendu les complaiſances qu'avoient pour eux ceux qui eſpéroient quelques legs d'eux, entre les pauvres & les riches le Public doit avoir été dans une mauvaiſe ſituation (*b*).

---

d'égards, ne répondent pas à l'excellence de la Morale & à la ſageſſe de Gouvernement qu'on leur attribue.

(*a*) *De amore prolis.*

(*b*) L'uſage de laiſſer de grandes ſom

De toutes les Sciences, il n'y en a aucune où les premieres apparences ſoient plus trompeuſes que dans la Politique. Les Hôpitaux pour les enfans trouvés paroiſſent

---

mes à des amis, ſans avoir de parenté avec eux, étoit commun dans la Grèce, auſſi-bien qu'à Rome. Cette pratique prévaut rarement dans nos tems modernes : ainſi le Volpone de Ben-Johnſon, eſt entiérement tiré des anciens Auteurs & convient mieux aux Mœurs de ces tems-là, qu'à celles d'aujourd'hui.

On peut croire encore que la Liberté des Divorces à Rome étoit un autre obſtacle au Mariage. Un tel uſage ne prévient pas les querelles qui naiſſent de l'humeur, & occaſionne toutes celles que peut produire l'intérêt, qui ſont plus dangereuſes & plus deſtructives. Voyez ſur ce ſujet les *Eſſais Moraux & Politiques*, *Eſſai XXI*. Peut-être auſſi doit-on conſidérer l'influence que pouvoit avoir ſur ce point l'incontinence extraordinaire des Anciens.

I iij

favorables à l'augmentation du nombre des Citoyens, & peut-être que s'ils étoient bien dirigés, ils pourroient l'être en effet ; mais lorsque les portes s'ouvrent à un chacun sans distinction, ils ont probablement un effet contraire, & sont pernicieux à l'Etat †. On cal-

---

† Les Hôpitaux en général sont beaucoup mieux administrés en France, qu'en Angleterre ; quoique l'Etat y dépense beaucoup moins pour les pauvres. Dès le tems de la Reine Elisabeth, le Parlement imposa une Taxe égale sur tous les biens personnels & réels pour le soulagement des pauvres ; il a publié successivement plusieurs autres Actes qui n'y ont pas mieux pourvû. Un Ecrivain moderne de cette Nation, dont l'Ouvrage respire la Charité Chrétienne & l'amour du bien public dit, que *les sommes d'argent qui se levent en Angleterre, pour les pauvres, sont incroyables, quoique les rues y soient remplies de Mendians ; & cela, parce qu'il s'en faut beaucoup que la moitié de ces sommes*

cule que de dix enfans nés à Paris,

---

ne soit employée à leur véritable destination.
Il en donne pour exemple l'Hôpital de
Greenwich, *fondé uniquement pour les pau-*
vres Matelots qui ont servi l'Etat, où il dit
hardiment que *plus de la moitié de ceux*
qui y sont aujourd'hui, n'y ont d'autres titres
que la protection & les recommandations qui
les y ont fait recevoir, sans avoir jamais
servi sur Mer. OBSERVATIONS ON TRADE,
London 1732. Pag. 44.

Assûrément une prévarication aussi grande
& aussi scandaleuse ne seroit pas soufferte à
l'Hôtel Royal des Invalides. Il est littérale-
ment vrai que la corruption & les abus,
dans les Hôpitaux & dans toutes les fonda-
tions charitables en Angleterre, sont infinis. Les preuves que j'en pourrois donner ne
peuvent trouver place dans une Note. Lorsque M. FOLKES, Président de la Société
Royale de Londres, cet illustre & vertueux
Anglois, qui n'avoit pas moins d'humanité
que de Science, vint en France il y a quelques années : nos établissemens de cette es-
pèce n'exciterent pas moins son attention

il y en a un d'envoyé à l'Hôpital,

---

que nos Académies. Un de ceux qui font le plus d'honneur à notre Gouvernement & à la Police de Paris, l'Hôpital des Enfans Trouvés le frappa d'admiration. Il vit que l'on connoissoit véritablement en France le prix des hommes, & les moyens de faire que la Société tire avantage des vices des particuliers. Il s'adressa à Feu M. GEOF-FROY, pour avoir des instructions sur l'ordre merveilleux & la sage Economie qui régnent dans l'administration de cet Hôpital.

En conséquence, il fit tout à son retour en Angleterre pour procurer à Londres un Etablissement qui n'y est pas moins nécessaire qu'à Paris. Ses bonnes intentions ont eu leur effet : il avoit un grand crédit à la Chambre des Communes dont il étoit Membre. Enfin cette Nation si remplie d'humanité, & qui tour à tour donne à ses voisins ou reçoit d'eux des exemples de sagesse, a pourvû à la subsistance & à l'éducation des Enfans trouvés par un Acte du Parlement, du 17. Octobre 1739. dont voici le Préam-

quoiqu'il paroiſſe certain ſuivant le cours ordinaire des choſes que ce n'eſt pas la centiéme partie de ceux que leurs parens ne ſont pas en état d'élever. La différence infinie pour la ſanté, pour l'induſtrie, & pour la morale, entre une éducation dans un Hôpital & celle qu'on réçoit dans une famille particuliere, nous devroit engager à rendre l'entrée des Hôpitaux moins facile. Tuer ſon propre enfant eſt

———————————————————

bule : « D'autant que Sa Majeſté, par com
» paſſion pour la quantité de pauvres Enfans
» ſujets à être expoſés & à périr dans les
» rues, ou à être maſſacrés par leurs pa
» rens également pauvres & inhumains, a
» bien voulu par ſa Charte Royale, ſcellée
» du grand ſceau de la Grande-Bretagne,
» créer & établir une Compagnie, ſous le
» nom de *Gouverneurs & Gardiens de l'Hô*
» *pital, pour l'Entretien & l'Education des*
» *jeunes Enfans expoſés & abandonnés, &c.* «

quelque chose de si révoltant pour la nature, que cela ne peut pas arriver communément ; mais de rejetter sur un autre le soin qu'on en devroit prendre, c'est ce qui ne tente peut-être que trop l'indolence naturelle du Genre humain.

Ayant considéré la vie Domestique & les mœurs des Anciens, comparées à celles des Modernes où dans le total nous paroissons plutôt supérieurs en ce qui regarde la question présente ; nous examinerons à présent les coûtumes & les institutions Politiques des deux âges, & nous péserons l'influence qu'elles peuvent avoir pour favoriser la propagation du Genre humain ou pour y nuire.

Avant l'augmentation de la Puissance Romaine, ou plutôt, jusqu'à son entier établissement, presque toutes les Nations dont parle l'ancienne Hiſtoire , étoient partagées en petits territoires ou Républiques peu Conſidérables , où prévaloit une grande égalité de fortunes ; & le centre du Gouvernement étoit toûjours près de ſes frontieres. Telle étoit la ſituation des choſes , non-ſeulement en Grece & en Italie , mais auſſi en Eſpagne , dans les Gaules , en Allemagne , en Afri-que , & dans une grande partie de l'Aſie mineure : Il faut avouer qu'aucune inſtitution ne pouvoit être plus favorable à la propaga-tion du Genre humain : car un hom-me dont la fortune eſt augmentée , ne pouvant pas conſommer plus qu'un autre , eſt forcé de la parta-ger avec ceux qui dépendent de lui ou qui le ſervent. Cependant leur poſſeſſion étant précaire , ils n'ont pas le même encouragement pour le mariage, que ſi chacun avoit une

petite fortune fûre & indépendante.
D'ailleurs, des Villes trop grandes
font deſtructives pour la Société,
engendrent des vices & des défordres de toute eſpéce, affament les
Provinces éloignées, & s'affament
elles-mêmes par la cherté du prix où
elles font monter les denrées ; quelle heureuſe ſituation pour le Genre
humain, que ces Pays ſi favorables
à l'Induſtrie & à l'Agriculture, au
Mariage & à la Propagation, où
chaque homme avoit ſa petite maiſon & ſon champ à lui-même, &
où chaque Province avoit ſa Capitale libre & indépendante ! Ce font
les obſtacles qui naiſſent de la pauvreté & de la néceſſité qui empêchent les hommes de doubler en
nombre à chaque génération ; &
ſûrement rien n'eſt plus favorable
à leur multiplication, que les petites Républiques & une égalité de

fortune parmi les Citoyens. Tous
les petits Etats produifent naturellement une égalité de fortune ,
parce qu'ils ne fourniffent pas les
occafions de grandes augmenta-
tions ; mais les petites Républiques
beaucoup plus encore par cette divifion de puiffance & d'autorité
qui leur eft effentielle.

Lorfque Xénophon (*a*) retour-
na de la fameufe expédition avec
Cirus, il s'engagea lui-même avec
fix mille des Grecs au fervice de
Seuthès , Prince de Thrace, & les
articles de fon Traité étoient , que
chaque Soldat recevroit une Darique
par mois, chaque Capitaine deux
Dariques, & lui-même comme Général quatre ; Réglement de paye
qui ne furprendroit pas peu nos
Officiers modernes.

(*a*) *De exp. Cyr. Lib.* 7.

Lorsque Démosthène & Eschine avec huit autres Athéniens furent envoyés Ambassadeurs à Philippe de Macédoine, leurs appointemens pour plus de quatre mois, étoient mille drachmes, ce qui est moins d'une drachme par jour pour chaque Ambassadeur (*a*). Or, une drachme par jour & quelquefois deux, étoient la paye d'un Soldat d'Infanterie (*b*).

Un Centurion parmi les Romains n'avoit du tems de Polybe que la double paye d'un Soldat ordinaire (*c*); & nous trouvons qu'après un triomphe, leurs gratifications étoient réglées selon cette propor-

____

(*a*) *Demosth. de falsâ Leg.* Il appelle cette somme considérable.

(*b*) *Thucyd. Lib.* 3.

(*c*) *Lib.* 6, *Cap.* 37.

tion (*a*). Marc-Antoine depuis & le Triumvirat donnerent aux Centurions cinq fois la récompenfe des autres (*b*) ; tant l'aggrandiffement de la République avoit augmenté l'inégalité parmi les Citoyens (*c*).

Il faut avouer que la fituation des affaires dans nos tems modernes, à l'égard de la liberté civile, auffi-bien que de l'égalité de fortune n'eft pas à beaucoup près fi favorable, foit à la propagation ou au bonheur du Genre humain. L'Europe eft partagée principale-

____

(*a*) *Titi-Livii , Lib.* 41. *Cap.* 7. *&* 13.
(*b*) *Appian , de Bello Civil. Lib.* 4.
(*c*) Céfar donna aux Centurions dix fois la gratification des Soldats ordinaires. *De Bello Gallico , Lib.* 8. Dans le Cartel des Rhodiens , mentionné ci-deffous , on ne fait point de différence du prix de la rançon , rélative à celle des rangs dans l'Armée.

ment en grandes Monarchies, &
les parties qui en font divifées en
petits territoires font communément gouvernées par des Princes
abfolus, qui ruinent leur Peuple
par le ridicule qu'ils ont de vouloir
contrefaire les grands Monarques
dans la fplendeur de leur Cour &
le nombre de leurs forces. La Suiffe & la Hollande reffemblent feules aux anciennes Républiques, &
quoique la premiere foit bien loin
d'avoir aucun avantage du côté du
fol, du climat ou du Commerce,
cependant le nombre de Peuple qui
y abonde, nonobftant l'ufage où
font les Suiffes de s'enrôler eux-mêmes au fervice de toutes les Puiffances de l'Europe, prouve fuffifamment les avantages de leurs inftitutions Politiques.

Les anciennes Républiques tiroient leur principale ou plutôt leur
unique

unique sécurité du nombre de leurs Citoyens. Les Trachiniens ayant perdu un grand nombre de leur Peuple, ceux qui reſtoient, au lieu de s'enrichir eux-mêmes de l'héritage de leurs Concitoyens, s'adreſſerent à Sparte leur Métropole pour en obtenir un nouveau fonds d'habitans. Les Spartiates auſſi-tôt raſſemblerent dix mille hommes, parmi leſquels les Anciens partagerent les terres dont les premiers propriétaires avoient péri (*a*).

Après que Timoléon eut banni Denys de Syracuſe, & rétabli les affaires de la Sicile, trouvant les Villes de Syracuſe & de Sellinuntium extrêmement dépeuplées par la tyrannie, la guerre & les factions, il demanda à la Grèce quelques

____

(*a*) *Diod. Sic. Lib.* 12.

Tome II. K

nouveaux habitans pour les repeu-
pler (*a*). Immédiatement après
quarante mille hommes, Plutarque
dit foixante mille (*b*), s'offrirent
d'eux-mêmes, & il fit autant de
lots de terre qu'il partagea entr'eux
à la grande fatisfaction des Anciens
habitans. On voit par-là que l'ancienne Politique recherchoit plus
l'abondance de Peuple que celle
des richeffes, & l'on reconnoît les
bons effets de ces maximes, dans
la maniere dont étoit peuplé un
auffi petit Pays que la Grèce, qui
pouvoit fournir à la fois une Colonie fi confidérable. Les maximes
des premiers Romains étoient à peu
près les mêmes. C'eft un Citoyen
pernicieux, difoit M. Curius (*c*),

(*a*) *Diod. Sic. Lib.* 16. *Thucyd. Lib.* 3.
(*b*) *In vitâ Timol.*
(*c*) **Pline**, *Lib.* 18. *Cap.* 3. **Le même**

que celui qui ne peut se contenter de sept acres †, combien de pareilles idées d'égalité devoient-elles favoriser la propagation !

Auteur au Chap. 6. dit : *Verumque fatentibus, latifundia perdidere Italiam : jam vero & Provincias. Sex domî semissem Africæ possidebant cùm interfecit eos Nero princeps.* Dans cette vûe, les barbares boucheries commises par les premiers Empereurs Romains, n'étoient peut-être pas si destructives pour le Public, que nous pouvons l'imaginer : elles ne cesserent que quand ils eurent éteint toutes les familles illustres, qui, dans les derniers tems de la République, avoient joui du pillage du Monde entier. Les nouveaux Nobles qui s'éleverent en leur place furent moins splendides, comme nous l'apprenons de Tacite, *Annal. Liv.* 3. *Chap.* 55.

† L'an de Rome 292. le Dictateur L. Q. Cincinnatus n'en avoit que quatre. Au tems de la premiere guerre Punique A. Régulus n'en avoit que sept.

Nous devons considérer à préfent les défavantages qui pouvoient fe trouver chez les Anciens à l'égard de la multiplication de l'efpéce humaine, & les obftacles qu'y pouvoient mettre leurs maximes & leurs inftitutions Politiques. Il y a communément des compenfations dans chaque condition humaine, & quoique ces compenfations ne foient pas toûjours parfaitement équivallentes, elles fervent du moins à mettre des bornes au principe dominant. Il eft déja très-difficile de les comparer & d'apprécier leur influence dans le même fiécle, & dans les Pays voifins ; mais après tant de fiécles qui fe font écoulés, & n'ayant pour nous conduire que quelques lumieres répandues par-ci par-là dans les anciens Auteurs, que pouvons-nous faire autre chofe que de nous amufer en parlant pour

& contre fur un fujet fi intéreffant ?
C'eft du moins le moyen de corriger les jugemens abfolus & trop
précipités.

Premierement, il eft à remarquer
que les anciennes Républiques
étoient prefque dans une guerre
continuelle, effet naturel de leur
efprit guerrier, de leur amour pour
la liberté, de leur émulation mutuelle, & de cette haine qui prévaut généralement chez les Nations
qui vivent dans un étroit voifinage. De plus, il faut convenir que
la guerre dans un petit Etat eft
beaucoup plus deftructive que dans
un grand ; foit parceque dans le
premier cas, tous les Habitans font
obligés de remplir l'armée, foit à
caufe que dans un petit Etat tout
eft frontiere, & par conféquent expofé aux incurfions de l'ennemi.

Les maximes des anciennes guer-

res étoient beaucoup plus destructives que celles des guerres de ces
derniers siécles , principalement à
cause de la distribution du pillage
que l'on accordoit aux Soldats.
Parmi nous , les Soldats font une
forte de Peuple si vil & si misérable ,
que la moindre abondance au de-là
de leur simple paye , engendre la
confusion , le désordre , & une totale dissolution de la discipline. La
misere même & la bassesse des malheureux qui remplissent nos Armées,
les rendent moins destructives pour
le Pays qu'elles envahissent. Ce qui
est un exemple entre plusieurs de
l'erreur des premieres apparences
dans tous les raisonnemens Politiques (*a*).

____

(*a*) Les anciens Soldats étant Citoyens
libres , & au-dessus du rang le plus bas ,

Les anciennes Batailles étoient beaucoup plus sanglantes par la nature même des Armes qu'on y employoit. Les Anciens rangeoient leurs Soldats sur seize ou vingt, quelquefois cinquante hommes de profondeur, & il n'étoit pas difficile de trouver un champ dans lequel les deux armées puffent être mises en bataille, & s'engager l'une avec l'autre. Même lorsque quelque corps de troupe étoit arrêté par des bois, des haies, des petites hauteurs, ou des chemins creux, la bataille n'étoit pas affez tôt décidée entre ceux

---

étoient tous mariés. Nos Soldats modernes font ou forcés à vivre fans fe marier, ou leurs mariages ne contribuent prefque en rien à l'augmentation du Genre humain : circonftance qui mérite d'être pefée, & qui eft de quelque conféquence en faveur des Anciens.

qui étoient aux prises, pour que les autres n'eussent pas le tems de surmonter les difficultés qui s'opposoient à eux, & de prendre part à l'action. Et comme les Armées entieres étoient ainsi engagées, & que chaque homme s'attachoit de près à son ennemi, les batailles étoit communément très-meurtrieres, il se faisoit un grand carnage des deux côtés, spécialement de celui des vaincus.

Les lignes longues & claires que demandent les armes à feu, & la prompte décision de l'action font que nos combats modernes ne font presque que des rencontres de parti, & que le Général qui est battu au commencement du jour, est encore en état de retirer la plus grande partie de son armée saine & entiere. Si le projet de la Colonne du Chevalier Follard, qui paroît

impraticable

impraticable (*a*) pouvoit avoir lieu, il rendroit les batailles modernes auſſi deſtructives que les anciennes.

Les Batailles de l'Antiquité, ſoit par leur durée, ſoit par leur reſſemblance avec les combats particuliers, étoient portées à un degré de furie entierement inconnu aux derniers âges. Rien ne pouvoit alors engager les Combattans à faire quartier que l'eſpérance du profit ,

____

(*a*) Quel eſt l'avantage de la Colonne, après qu'elle a rompu les lignes des ennemis ? Il conſiſte uniquement en ce qu'alors elle les prend en flanc, & qu'en faiſant feu de tout côté, elle diſſipe tout ce qui ſe trouve près d'elle. Mais juſqu'à ce qu'elle ait rompu les ennemis, ne leur préſente-t-elle pas elle-même un flanc expoſé à leur mouſqueterie ; & ce qui eſt beaucoup pis à leur canon.

en faisant des Esclaves de leurs prisonniers. Dans les guerres civiles,
comme nous l'apprenons de Tacite (a), les batailles étoient beaucoup plus meurtrieres, parce que
les prisonniers n'étoient pas Esclaves.

Quelle vigoureuse résistance ne
devoit-on pas épouver de la part
du Vaincu qui s'attendoit à un des-
tin si triste ! Quelle rage invétérée
ne devoient pas produire des maximes de guerre si cruelles & si meurtrieres !

Dans l'ancienne Histoire, on
trouve de fréquens exemples de
Villes assiégées, dont les habitans
plutôt que d'ouvrir leurs portes,
tuoient leurs femmes & leurs enfans, & se précipitoient eux-mêmes

---

(a) *Hist. Lib. 2. Cap. 44.*

à une mort volontaire, adoucie peut-être par l'espoir de la faire payer cher à l'ennemi. Les Grecs (a) aussi-bien que les Barbares se sont souvent portés à ce degré de fureur. Cette même résolution & cette même cruauté doivent en d'autres circonstances moins remarquables, avoir été très-destructives pour la Société humaine ; sur-tout dans ces petites Républiques qui vivoient dans un étroit voisinage, & qui étoient engagées dans des contentions & des guerres perpétuelles.

Quelquefois les guerres en Grèce, dit Plutarque (b), ne se faisoient pas autrement que par inva-

____

(a) Comme Abydus, dont parle Tite-Live, *Liv.* 31. *Chap.* 17. & 18. & Polybe, *Liv.* 16. comme aussi les Xanthiens. Appien, de la Guerre civile, *Liv.* 4.

(b) *In vitâ Arati.*

fions, par pillages & par pyrateries. Une pareille maniere de faire la guerre dans de petits Etats, devoit être plus deſtructive que les fiéges & les batailles les plus meurtrieres.

Par la loi des douze Tables, une poſſeſſion de deux ans formoit une preſcription pour les terres ; un an ſuffiſoit pour les biens meubles (*a*), ce qui prouve qu'il n'y avoit pas alors en Italie beaucoup plus d'ordre, de tranquillité & de Police, qu'il n'y en a à préſent parmi les Tartares.

Le ſeul cartel que je me rappelle dans l'Hiſtoire ancienne, eſt celui

______

(*a*) *Inſtit. Lib.* 2. *Cap.* 6. Il eſt vrai que la même Loi paroît avoir continué juſqu'au tems de Juſtinien. Mais les abus introduits par la barbarie ne ſont pas tcûjours corrigés par la politeſſe des ſiécles ſuivans.

entre Démétrius *Poliorcete* & les Rhodiens, où il étoit convenu qu'un Citoyen libre seroit rendu pour mille drachmes, un Esclave portant les armes, pour cinq cens.

Secondement, il paroît que les anciennes Mœurs étoient plus défavorables à la Population que les Modernes, non-seulement en tems de guerre, mais aussi en tems de paix, & cela à tous égards, si l'on en excepte l'amour de la liberté civile & de l'égalité, article à la vérité d'une importance considérable. Il est très-difficile, s'il n'est pas entierement impossible d'exclure les factions d'un Gouvernement libre; mais dans nos tems modernes, on ne trouve de ces rages invétérées entre les factions, & de ces maximes sanguinaires que dans les seuls partis de Religion, où il est arrivé souvent que des Prêtres fa-

natiques ont été tout à la fois les
Accusateurs, les Juges & les Bour-
reaux. Dans l'Histoire ancienne,
nous pouvons toûjours observer
que lorsqu'un parti prévaloit, soit
les Nobles, soit le Peuple ; car à
cet égard, je n'apperçois aucune
différence (*a*), les Vainqueurs à
l'instant même massacroient tous
ceux du parti opposé, qui tom-
boient entre leurs mains, & ban-
nissoient ceux qui avoient été
assez heureux pour échapper à leur
furie. Alors, point de forme de
procès, point de loi, point de jugement, point de pardon : ainsi à

____

(*a*) Lysias qui étoit lui-même de la faction populaire, & qui eut assez de peine à
échapper aux trente Tyrans, dit, que la Démocratie est un Gouvernement aussi violent
que l'Oligarchie.

Orat. 14. *De statu popul.*

chaque révolution , on maffacroit ou l'on chaffoit de la Ville la quatriéme ou la troifiéme partie , peut-être près de la moitié de fes habitans.

Les Exilés ne manquoient pas de fe joindre à l'ennemi étranger , & de caufer tout le dommage poffible à leurs Concitoyens , jufqu'à ce que la fortune les mît en état de prendre leur revanche par une nouvelle révolution. Et comme elles étoient très-fréquentes dans des Gouvernemens fi violens , il ne nous eft pas aifé aujourd'hui d'imaginer les défordres, les méfiances , les jaloufies & les inimitiés qui devoient prévaloir en ce tems-là.

Je ne me rappelle dans toute l'ancienne Hiftoire que deux révolutions qui fe foient paffées fans une grande effufion de fang , en maffacres & en affaffinats. A favoir celle qui foumit la République Romaine à Céfar, & le rétabliffement de la Démocratie Athénienne par Trafibule.

Les Hiftoriens nous apprennent qu'il accorda une Amniftie générale pour toutes les offenfes paffées, & qu'il en introduifit le premier le mot & la pratique dans la Grèce (*a*). Il paroît cependant par plufieurs Oraifons de Lyfias (*b*), que les principaux coupables de la tyrannie précédente, & même quelques autres de moindre importance furent cités aux Tribunaux, & même punis de mort. Cette difficulté n'a pas encore été éclaircie,

____

(*a*) *Cicero, Philipp.* 1.
(*b*) Comme *Orat.* 11. *contra Eratoſt. Orat.* 12. *contra Agorat. Orat.* 15. *pro Mantith.*

n'a pas même été remarquée par les Savans & les Hiſtoriens. Quant à la clémence de Céſar, quoiqu'on l'ait fort célébrée, elle ne ſeroit pas beaucoup applaudie dans le ſiécle préſent. Par exemple, il fit égorger tout le Sénat de Caton, lorſqu'il devint maître d'Utique (a), & nous pouvons croire aiſément que le petit nombre dont il étoit compoſé, n'étoient pas ceux du parti qui avoient le moins de mérite. Tous ceux qui avoient porté les armes contre l'Uſurpateur furent proſcrits, & par la Loi d'Hirtius, déclarés incapables d'aucun Office public.

Ces Peuples qui étoient ſi amoureux de la liberté, ne paroiſſent pas l'avoir trop bien entendue ; lorſque

____

(a) *Appian, de Bello civ. Lib. 2.*

les trente Tyrans établirent pour
la premiere fois leur autorité à
Athènes, ils commencerent par faire
arrêter tous les Sycophantes & Délateurs qui s'étoient rendus si odieux
durant la derniere Démocratie ,
& les firent périr par des jugemens
arbitraires & contre les Loix.
» Chaque Citoyen, disent Salluste (a)
» & Lysias (b), se réjouit de leur pu-
» nition, ne considérant pas que de
» ce moment même la Liberté étoit
» anéantie. «

Toute l'énergie du style nerveux
de Thucidide , l'abondance & la
force de la langue Grecque ne paroissent pas suffire à cet Historien,

---

(a) Discours de César , *de Bello Catil.*

(b) *Orat.* 24. *in Orat.* 29. Il ne fait
mention de la faction , que comme de la
cause pourquoi ces punitions irrégulieres devoient déplaire.

lorsqu'il entreprend de décrire les désordres que les factions faisoient naître dans toutes les Républiques Grecques. Il paroît que ses pensées sont telles qu'il ne peut pas trouver de mots pour les communiquer ; il termine cette description si pathétique par une réflexion qui est tout à la fois très-fine & très-solide.

» Dans ces débats, dit-il, ceux
» qui étoient les plus simples ,
» les plus stupides, & qui avoient
» le moins de prévoyance avoient
» d'ordinaire le dessus ; car connois-
» sant leur foiblesse & craignant
» d'être surpris par ceux d'une plus
» grande pénétration , ils termi-
» noient promptement & sans pré-
» méditation les affaires par l'épée
» & par le poignard, & prévenoient
» ainsi leurs Antagonistes, qui for-
» moient, pour les détruire, de

» beaux plans & des projets raifon-
» nés (*a*). «

Sans parler ici de Denys (*b*)
l'Ancien, qui paffe pour avoir maffa-
cré de fang-froid plus de dix mille de fes Concitoyens, d'Agato-

---

(*a*) *Thucid. Liv.* 3. Le Pays de l'Europe où j'ai remarqué que les factions font les
plus violentes, & les haines de parti les
plus fortes, eft l'Irlande. Les chofes en font
au point qu'on n'y obferve pas les civilités
les plus communes entre les Proteftans &
les Catholiques. Leurs cruelles révoltes &
les terribles revanches que chaque Parti a
prifes à fon tour, ont engendré cette haine
mutuelle, qui eft la princ¹pale caufe des
défordres, de la pauvreté & de la dépopulation de ce Pays-là. J'imagine que chez les
Grecs, les factions étoient encore portées
à un plus haut degré de rage, attendu que
parmi eux les révolutions étoient communément plus fréquentes, & les affaffinats
beaucoup plus en ufage & plus tolérés.
(*b*) *Plut. de virt. & fort. Alex.*

cle (*a*), de Nabis (*b*), ni des autres encore plus fanguinaires que
lui, même dans les Gouvernemens
libres, tous les mouvemens étoient
extrêmement violens & deftructifs.
A Athènes, les trente Tyrans & les
Nobles, dans l'efpace d'une année,
firent périr, fans forme de Procès,
environ douze cens perfonnes du
Peuple, & bannirent plus de la moitié des Citoyens qui reftoient (*c*).
Dans Argos, environ le même tems,
le Peuple tua douze cens des Nobles, & enfuite leurs propres *Déma-*

(*a*) *Diod. Sic. Lib.* 18. *&* 19.

(*b*) *Titi-Livii, Lib.* 31. 33. *&* 34.

(*c*) *Diod. Sic. Lib.* 14. Ifocrate dit qu'il
n'y eut que cinq mille Habitans de bannis.
Il fait monter le nombre de ceux qui furent
tués à quinze cens. *Areop. Æfchines contrà
Crefiph.* affigne précifément le même nombre. Sénéque (*de tranq. anim. Cap.* 5.) dit
treize cens.

gogues, parce qu'ils avoient refufé de pouffer leurs pourfuites plus loin (*a*).

Le Peuple en Corcyre maffacra quinze cens des Nobles & en bannit mille (*b*). Ces nombres paroîtront d'autant plus furprenans que nous connoiffons l'extrême petiteffe de ces Etats ; mais toute l'ancienne Hiftoire eft pleine de ces exemples (*c*).

(*a*) *Diod. Sic. Lib.* 15.

(*b*) *Diod. Sic. Lib.* 13.

(*c*) Nous nous contenterons d'en rapporter quelques-uns, d'après le feul Diodore de Sicile, qui fe font paffés dans le cours de foixante ans, & dans l'âge le plus brillant de la Grèce. Cinq cens des Nobles & de leurs Partifans furent bannis de Sibaris, *Lib.* 12. *pag.* 77. *ex edit. Rhodomanni.* De Chios, fix cens Citoyens bannis, *Lib.* 13. *pag.* 189. A Ephèfe, trois cens quarante tués, mille bannis, *Lib.* 13. *pag.* 223. Des

Lorſqu'Aléxandre ordonna que

Cyrénéens, cinq cens Nobles tués, tout le reſte banni, *Lib.* 14. *pag.* 263. A Corinthe, cent vingt de tués, de bannis cinq cens, *Lib.* 14. *pag.* 304. Phœbidas le Spartiate bannit trois cens Béotiens, *Lib.* 15. *pag.* 342. A la chute des Lacédémoniens, les Démocraties furent rétablies en pluſieurs Villes, & le Peuple prit de ſéveres vengeances des Nobles à la maniere Grecque. Mais les choſes n'en demeurerent pas là; car les Nobles bannis retournant en pluſieurs Places, maſſacrerent leurs Adverſaires à Phiale, à Corinthe, à Mégare, à Phliaſie. Dans cette derniere Place ils tuerent trois cens du Peuple; mais ceux-ci s'étant révoltés de nouveau, tuerent plus de ſix cens Nobles, & bannirent le reſte, *Lib.* 15. *pag.* 357. En Arcadie, quatorze cens de bannis, outre pluſieurs de tués. Les Bannis ſe retirerent à Sparte & à Pallantium; ces derniers furent délivrés à leurs Compatriotes & tous tués, *Lib.* 15. *pag.* 273. Il y avoit dans l'armée de Sparte, cinq cens bannis d'Argos & de Thébes, *Id. pag.* 274. Voici un détail

tous les Exilés fuſſent rétablis chacun dans leurs Villes, il ſe trouva
que leur nombre montoit à vingt
mille hommes (*a*), les reſtes appa-

---

de la plus remarquable des cruautés d'Agatocle tiré du même Auteur. Le Peuple avant
ſon uſurpation avoit banni ſix cens Nobles,
Lib. 19. *pag. 655.* Après cela le Tyran, de
concert avec le Peuple, tua quatre mille
Nobles & en bannit ſix mille, *Id. pag. 657.*
Il tua quatre mille perſonnes du Peuple à
Géla, *Id. pag. 741.* Le Frere d'Agatocle
bannit huit mille Citoyens de Syracuſe,
Lib. 20. *pag. 757.* Les Habitans d'Ægeſta,
au nombre de quarante mille, furent tous
tués, hommes, femmes & enfans, & pluſieurs à cauſe de leur argent expoſés à la
torture, *Id. pag.* 802. Tous les parens, à
ſavoir, peres, freres, enfans, grands-
peres de ſon Armée Libienne furent tués,
Id. pag. 803. Agatocle tua ſept mille Exilés
après la Capitulation, *Id. pag.* 816. Il eſt à
remarquer qu'Agatocle étoit un homme d'un
grand ſens & d'un grand courage.
(*a*) *Diod. Sic. Lib.* 18.

remment

remment de boucheries & de maffacres encore plus grands. Qui ne
feroit effrayé d'en trouver une multitude fi étonnante, dans un pays
auffi étroit que l'ancienne Grèce !
Quelles devoient être les troubles
domeftiques, les jaloufies, les par-
tialités, les animofités, les vengeances qui déchiroient ces Villes,
où les factions étoient portées à un
tel degré de fureur & de défef-
poir !

Il feroit plus aifé, dit Ifocrate à
Philippe, de trouver à préfent en
Grèce de quoi lever une Armée
parmi les Vagabonds, que dans les
Villes.

Quand même les chofes n'en venoient pas à de telles extrémités
(ce qui ne manquoit pas d'arriver
prefque en chaque Ville, deux ou
trois fois par fiécle) les Maximes de
l'ancien Gouvernement rendoient

la propriété des biens très-précaire.
Xénophon, dans le Banquet de So-
crate, nous donne une description
assez naturelle de la tyrannie du
Peuple Athénien. » Dans ma pau-
» vreté , dit Charmides , je suis
» beaucoup plus heureux que je ne
» l'étois lorsque j'étois riche ; d'au-
» tant qu'il est plus heureux d'être
» en pleine sécurité, que dans des
» alarmes continuelles ; d'être li-
» bre, que d'être Esclave ; de rece-
» voir des hommages, que d'en ren-
» dre ; de trouver des gens qui se
» fient en vous, plutôt que des
» gens qui vous soupçonnent. An-
» ciennement j'étois obligé de ca-
» resser tout Délateur : on m'impu-
» toit toûjours quelque chose , & il
» ne m'étoit jamais permis de voya-
» ger ou d'être absent de la Ville.
» A présent que je suis pauvre, j'ai
» la tête haute, & je menace les

» autres. Les Riches ont peur de
» moi, & me traitent avec toute
» forte de politeſſe & de reſpect.
» Enfin je ſuis devenu une eſpéce de
» Tyran dans la Ville (*a*). «

Dans un des Plaidoyers de Lyſias (*b*), l'Orateur en paſſant rapporte très-froidement, comme une
Maxime du Peuple Athénien, que
toutes les fois que la République
manquoit d'argent, on mettoit à
mort quelque Homme riche, ſoit
Citoyen, ſoit Etranger, pour avoir
la confiſcation de ſes biens; & lorſqu'il parle de cet uſage, il ne paroît
avoir aucune intention de blâmer,
bien moins encore d'indiſpoſer ceux
qui étoient ſes Auditeurs & ſes
Juges.

____

(*a*) Page 885. *ex edit.* Leuncl.
(*b*) *Orat.* 29. *in Nicom.*

Soit qu'un Homme fût Citoyen ou Etranger parmi ces Républicains, il femble qu'il étoit néceffaire qu'il s'appauvrît lui-même , ou bientôt le Peuple l'appauvriffoit & le tuoit par-deffus le marché. L'Orateur dont je viens de parler , rapporte un état fingulier d'un bien dépenfé au fervice du Public (*a*) , dont plus de

---

(*a*) Pour recommander fon Client à la faveur du Peuple , il calcule toutes les fommes qu'il a dépenfées. Etant χωρηγος , trente mines. Pour un Chœur d'hommes , vingt mines ; ει συρριχιςαις , huit mines ; ανδρας χορηγων , cinquante mines ; κυκλικω χορω , trois mines. Sept fois Trierarche où il a dépenfé fix talens. Taxes , une fois trente mines , une autre fois quarante. γυμνασιαρχων , douze mines ; χωρηγος παιδικω χορω , quinze mines ; κωμωδοις χορηγων , dix - huit mines ; συρριχιςαις αγενεοις , fept mines ; τριηρει αμιλλομενος , quinze mines ; αρχηθεωρος , trente mines : en tout dix talens trente-huit mines. Somme immenfe pour un Athénien , & que

la troisiéme partie est en curiosités

---

l'on regarderoit comme une grande richesse,
Orat. 20. Il est vrai, dit-il, que la Loi ne
l'obligeoit pas absolument à faire une si
grande dépense ; il auroit pû en épargner les
trois quarts : mais sans la faveur du Peuple,
personne n'étoit en sûreté , & c'étoit le seul
moyen de le gagner. Voyez l'Oraison 24.
De pop. statu. Dans un autre endroit, il introduit un Harangueur qui dit qu'il a dépen-
sé toute sa fortune , & une fortune immense,
quatre-vingts talens pour le Peuple. *Orat.* 25.
De prob. Evandri. Les μέτοικοι , ou Etrangers , dit-il, qui ne contribuent pas large-
ment aux plaisirs du Peuple, ont bientôt
lieu de s'en repentir. *Orat.* 30. *contrà Philip.*
Vous pouvez voir avec quel soin Démosthène étale les dépenses de cette nature , quand
il plaide pour lui-même *de corona* , & comme à cet égard il exagere la mesquinerie
de Midias , dans son accusation contre ce
Criminel. Observons en passant que tout
ceci est la marque d'une judicature très-
inique ; cependant les Athéniens se van-
toient eux-mêmes d'avoir l'administration la

& en chofes appartenantes à la Danfe.

Je n'ai pas befoin d'infifter fur les tyrannies Grecques, qui toutes enfemble étoient horribles. Les Monarchies mixtes, par lefquelles la plûpart des anciens Etats de la Grèce étoient gouvernés, avant l'introduction des Républiques, étoient même très-mal établies. A peine aucune Ville, excepté Athènes, dit Ifocrate, pourroit-elle montrer une fucceffion de Rois de quatre ou cinq générations (*a*).

Outre plufieurs autres raifons fenfibles de l'inftabilité des anciennes Monarchies, le partage égal des biens entre les Freres dans les familles particulieres, par une con-

---

plus fage & la mieux réglée de tous les Peuples de la Grèce.

(*a*) *Panath.*

féquence néceffaire devoit contribuer à déranger & à troubler l'E-
tat. La préférence univerfelle donnée à l'Aîné † dans les Gouverne-

---

† L'Auteur de *l'Effai du Nombre d'Hommes* regarde les régles touchant la fucceffion
& le droit de primogéniture, comme une
des caufes de la difette de Peuple dans les
Siécles modernes. Il eft vrai que cette Coûtume auroit fes avantages, fi elle étoit ref-
trainte à un petit nombre de familles confidérables, qui par leur éclat & leurs richeffes font en état de fervir la Patrie. On
prétend même que dans une Monarchie, une
puiffante Nobleffe eft une barriere contre le
Defpotifme, & je ne fais fi le fait eft bien
fûr. Ce qui eft certain, c'eft que par-tout
où cette Coûtume prévaut au point de vouloir élever & foûtenir toutes les familles
généralement par cette divifion inégale des
biens paternels; elle eft une fource fatale
d'oifiveté pour les Aînés & empêche le mariage des Cadets, qui élevés de même façon
que leurs Aînés, veulent les imiter dans

mens modernes, quoiqu'elle augmente l'inégalité des fortunes, a
cependant ce bon effet, qu'elle ac-
coûtume les hommes à cette même
idée de succession, & qu'elle ôte
tout droit & toute prétention au
plus jeune.

La Colonie nouvellement éta-

---

leur faste ; ce qu'ils peuvent faire rarement,
à moins que de se souftraire aux embarras
qu'une famille entraîne. Cette Coûtume s'é-
tend à Venise au point que de toute une
famille, un seul prend le parti du mariage :
cependant la sagesse de cette République ne
permet guère de douter qu'elle ne connoisse
ses véritables intérêts. En Angleterre, on
remarque qu'un des heureux effets de ce
partage inégal des biens est que souvent les
Cadets deviennent des Citoyens plus indus-
trieux & plus utiles à leur Patrie que leurs
Aînés : ceux-ci font le sujet de plus d'un
Proverbe qui ne font pas à leur avantage.
Que de Problêmes en Politique qui peut-être
ne seront jamais résolus !

blie

blie à Héraclée, tombant immédiatement en factions, eut recours à
Sparte, qui envoya Héripidas avec
une pleine autorité pour terminer
leurs diffensions. Cet Homme, fans
être provoqué par aucune oppofition, fans être échauffé par une fureur de parti, ne connut pas de
meilleur expédient, que de faire fur
le champ mettre à mort environ
cinq cens Citoyens (*a*) ; ce qui
prouve combien ces maximes violentes de Gouvernement étoient
profondément enracinées dans toute
la Grèce.

Si telle étoit la difpofition des
efprits des hommes parmi ce Peuple
poli, à quoi doit-on s'attendre dans
les Républiques d'Italie, d'Afrique,
d'Efpagne & des Gaules, que l'on

(*a*) Diod. Sic. Lib. 14.

appelloit barbares ? Comment fans cela les Grecs auroient-ils pû s'eftimer tant au deffus des autres Nations, par leur humanité, leur politeffe & leur modération ? Ce raifonnement paroît très-naturel ; mais malheureufement l'Hiftoire de la République Romaine, dans ces premiers tems, fi nous en croyons ce qui eft écrit, eft contre nous. Il n'y avoit pas encore eû de fang répandu à Rome dans aucune fédition avant le meurtre des Gracques. Denys d'Halicarnaffe (a) remarquant la finguliere humanité du Peuple Romain à cet égard, en tire la conféquence qu'il étoit originairement d'extraction Grecque ; d'où nous pouvons conclure que les factions & les révolutions dans les

____

(a) Lib. 1.

Républiques barbares, étoient beaucoup plus violentes que celles même ci-deſſus mentionnées.

Si les Romains furent ſi long-tems ſans en venir aux mains , ils firent une ample compenſation après qu'ils eurent une fois commencé ces ſcènes ſanguinaires. L'Hiſtoire de leurs guerres civiles par Appien , contient les tableaux les plus effrayans de maſſacres & de proſcriptions qui ait jamais été préſentés au monde. Ce qui plaît le plus dans cet Hiſtorien , eſt qu'il paroît touché de tous ces procédés barbares , & qu'il ne parle pas avec cette froideur & cette indifférence choquantes que la coûtume a produites dans pluſieurs des Hiſtoriens Grecs (a).

___

(a) Les Auteurs que j'ai cités ci-deſſus , ſont tous Hiſtoriens, Orateurs & Philoſo-

Les maximes de l'ancienne Poli-

phes, dont le témoignage n'est pas suspect. Il est dangereux de s'en fier aux Ecrivains addonnés & à la plaisanterie & à la satyre. Par exemple, que doit inférer la postérité de ce passage du Docteur SWIFT ? Je lui » dis que dans le Royaume de Tribnie (la » Grande-Bretagne) & à Langdon (Londres) » la Capitale où j'avois séjourné quelque » tems dans mes voyages, le gros du Peu- » ple dans un sens est entiérement composé » de Délateurs, Témoins, Accusateurs, » Poursuivans en Justice, avec les autres Su- » balternes qui en sont les Suppôts, le tout » sous les étendards, la conduite, & à la » solde des Ministres d'Etat & de leurs Dé- » putés. Les complots dans le Royaume » sont communément l'ouvrage de ces gens- » là, &c. «

Voyages de Gulliver.

Une pareille représentation conviendroit au Gouvernement d'Athènes, mais non pas à celui d'Angleterre, qui même dans ces tems modernes est un prodige pour l'huma-nité, la douceur & la liberté. Cependant la

tique contiennent en général si peu
d'humanité & de modération , qu'il
paroît superflu de chercher des raisons particulieres pour les violences
commises en tant d'occasions différentes. Cependant , je ne puis
m'empêcher d'observer que les Loix
dans les derniers tems de la République Romaine , étoient si absur-
dement imaginées , qu'elles obli-
geoient les chefs de parti à recourir
à ces extrémités. Toutes les peines capitales furent abolies. Quelque criminel, ou ce qui est encore
plus, quelque dangereux qu'un Ci-

———————————————

Satyre du Docteur, quoique poussée à l'ex-
trème, comme c'est sa coûtume, ne manque
pas d'objet. L'Evêque de Rochester, qui étoit
son ami & du même parti que lui, avoit
été banni un peu auparavant par un Bill de
Proscription, avec grande justice , mais sans
les preuves que la Loi demande.

toyen pût être, les Loix ne permettoient de le punir autrement que par le banniſſement. Par-là il devint néceſſaire dans les révolutions de parti de tirer l'épée de la vengeance particuliere ; & lorſque les Loix étoient une fois violées, il n'étoit pas aiſé de mettre des bornes à ces expéditions ſanguinaires. Si Brutus eût eû le deſſus du Triumvirat, auroit-il pû avec un peu de prudence laiſſer vivre Octave & Antoine, & ſe contenter de les bannir à Rhode ou à Marſeilles, où ils auroient trouvé les moyens d'exciter de nouveaux troubles & de nouvelles rébellions ? En faiſant mourir C. Antoine, frere du Triumvir, il montra aſſez quelle étoit ſa façon de penſer. Cicéron avec l'approbation de tout ce qu'il y avoit à Rome de ſages & de vertueux, ne fit-il pas metttre à mort arbitrai-

rement les Compagnons de Catili-
na, d'une maniere contraire à la
Loi, & sans aucune forme de procès ? S'il modéra ses exécutions ,
cela ne vint-il pas de la clémence
de son tempérament ou des conjonctures du tems ? Quelle sécurité
dans un Gouvernement qui prétend
aux Loix & à la Liberté !

Ainsi un extrême en produit un
autre. De-là même maniere qu'une
excessive sévérité dans les Loix engendre un grand relâchement dans
leur exécution , de même la douceur portée à un trop haut point ,
produit naturellement la cruauté &
la barbarie.

Une cause générale des désordres
si fréquens dans les anciens Gouvernemens , paroît avoir consisté
dans la grande difficulté d'établir
quelque Aristocratie dans ces siécles, & d'empêcher par ce moyen

les mécontentemens perpétuels ,
& les féditions du Peuple, toutes les
fois que les plus miférables même
d'entre les Citoyens , étoient ex-
clus de la Législature & des Offices
publics. La fimple qualité d'homme
libre donnoit un tel rang oppofé
à l'Efclave, qu'elle paroiffoit mettre
un Citoyen en droit de prétendre à
tout ce qu'il y avoit dans la République de dignités & de priviléges.
Les Loix de Solon (*a*) n'excluoient
aucun homme libre des élections ;
mais confinoient quelques Magif-
tratures dans des chaffes d'un cens
particulier. Cependant le Peuple
ne fut pas fatisfait que ces Loix ne
fuffent rappellées. Par un Traité
avec Antipater (*b*), aucun Athé-

(*a*) *Plutarch. in vitâ Solon.*
(*b*) *Diod. Sic. Lib.* 18.

nien n'avoit de voix dont qui ne possédât du moins deux mille drachmes (environ six mille livres sterling) ; & quoiqu'un pareil Gouvernement nous parût à nous suffisamment Démocratique , il déplut si fort à ce Peuple , que plus des deux tiers abandonnerent immédiatement leurs Pays (*a*). Cassander réduisit ce cens à la moitié (*b*) ; cependant le Gouvernement fut encore regardé comme une tyrannie Oligarchique , & l'effet d'une violence étrangere.

Les Loix de Servius Tullius (*c*) paroissent très - équitables & très-raisonnables en fixant le pouvoir proportionnément au bien ; cependant on ne put jamais amener le

____

(*a*) *Id. ibid.*
(*b*) *Id. ibid.*
(*c*) *Titi Livii, Lib.* 1. *Cap.* 48.

Peuple Romain à s'y foûmettre tranquillement.

Dans ces tems-là, il n'y avoit pas de milieu entre une jaloufe & févere Ariftocratie, exercée fur des fujets mécontens, ou une Démocratie turbulente, factieufe & tyrannique.

Troifiémement, il y a plufieurs autres circonftances où les Anciens paroiffent inférieurs aux Modernes, aux deux égards & du bonheur, & de l'accroiffement du Genre humain. Dans les premiers fiécles, le Commerce, les Manufactures & l'Induftrie, n'étoient pas fi florif-fantes qu'elles le font à préfent en Europe. Le feul habillement des Anciens, des femmes comme des hommes, paroît avoir été une efpece de flanelle qu'ils portoient communément de couleur blanche ou grife, & qu'ils faifoient dégraif-

ser toutes les fois qu'il en étoit besoin. Tyr , qui avant que d'avoir
été détruite par Aléxandre , étoit
après Carthage , la Ville qui faisoit le plus grand Commerce dans
la Mer Méditerranée , n'étoit pourtant pas une Ville puissante , si
nous en croyons le compte que rend
Arrien de ses Habitans (a). On suppose communément qu'Athènes a
été une Ville commerçante ; mais
suivant Hérodote (b) , elle étoit
aussi peuplée avant la guerre de

(a) *Lib.* 2. Il y en eut huit cens de tués
durant le siége, & tous les Captifs montent
à trente mille. Diodore de Sicile, *Liv.* 17.
dit seulement treize cens ; mais il rend raison de ce petit nombre , en disant que les
Tyriens avoient envoyé auparavant leurs
femmes & leurs enfans à Carthage.

(b) *Lib.* 5. Il fait monter le nombre des
Citoyens à trente mille.

Médie qu'en aucun autre tems depuis ; & cependant en ce tems son Commerce étoit si peu de chose, que comme l'observe le même Historien (*a*), les Grecs ne fréquentoient pas plus les Côtes même de l'Asie dont ils étoient voisins, que les Colonnes d'Hercule, car l'Auteur ne concevoit rien au-delà †.

(*a*) *Ibid. Lib.* 5.

† M. WALLACE, qui est d'accord avec M. HUME sur tous ces faits, en tire des conséquences toutes différentes. Selon lui : *La trop grande étendue du Commerce entre l'Europe, & les coins les plus reculés de l'Orient & de l'Occident, est une des causes de la disette de monde en Europe.* Il soûtient qu'une grande variété de Manufactures, qui sont la suite d'un Commerce étendu, est contraire à la Population, & prétend néanmoins ne se pas contredire, lorsqu'il assûre ailleurs qu'en Ecosse ce seroit un grand avantage pour l'Agriculture, la valeur & l'amélioration des terres, si les Manufactu-

Lorsque l'argent rapporte un gros intérêt, & le trafic de grands profits, c'est une marque que le Commerce & l'Industrie sont encore dans leur enfance. Lysias (*a*) par-

---

res les plus utiles étoient établies dans les Villages, & soûtenues par des personnes riches de tous les Etats ; que de cette façon les Manufacturiers encourageroient l'Agriculture, en pourvoyant les Marchés en échange de la production des terres ; que les Labouteurs encourageroient les Manufacturiers en achetant leurs marchandises, & que les uns & les autres conspireroient par des efforts réunis, à rendre les terres fertiles, le Pays peuplé & la Société florissante. On ne peut nier qu'il n'y ait beaucoup d'érudition dans les Ouvrages différens de ces deux Ecrivains Anglois : quelque opposé que soit le système de l'un à celui de l'autre, chacun d'eux fonde le sien sur des faits, & quelquefois sur les mêmes : c'est au Lecteur à décider lequel des deux raisonne le plus conséquemment.

(*a*) *Orat.* 33. *advers. Diagit.*

le de cent pour cent de profit fait sur une cargaison de deux talens envoyée à une distance pas plus grande que d'Athènes à la Mer Adriatique, & ce fait n'est pas cité comme un exemple d'un profit exorbitant. Antidorus, dit Démosthène (*a*), a payé trois talens & demi pour une maison qu'il a louée à un talent par an. L'Orateur blâme ses Tuteurs pour n'avoir pas placé son argent aussi avantageusement. Ma fortune, dit-il, dans onze ans de minorité doit avoir triplé. Il fait monter à quarante mines la valeur de vingt des Esclaves que lui avoit laissés son pere, & les profits annuels de leur travail à douze (*b*). L'intérêt le plus modé-

---

(*a*) *Contra Aphob. pag. 25. ex edit. Aldi.*
(*b*) *Id. ibid. pag. 19.*

ré à Athènes, car souvent on payoit beaucoup plus (*a*), étoit à douze pour cent (*b*), & il se payoit par mois. Sans insister sur l'intérêt exorbitant de trente-quatre pour cent, auquel les sommes considérables distribuées aux Elections avoient fait monter l'argent à Rome (*c*); nous trouvons que Verrès avant ces tems de factions, régloit vingt-quatre pour cent pour l'argent qu'il avoit laissé dans les mains des Publicains ; quoique Cicéron s'écrie contre cet article, ce n'est pas à cause de l'extravagante usure, mais à cause qu'il n'étoit pas ordinaire de prendre aucun intérêt en pareille occasion (*d*). A la vérité,

---

(*a*) *Id. ibid.*
(*b*) *Id. ibid. & Æschines contra Ctesiph.*
(*c*) *Epist. ad Attic. Lib.* 5. *Epist.* 21.
(*d*) *Contra Verrem, Orat.* 3.

l'intérêt tomba à Rome après l'é-
tabliſſement de l'Empire ; mais il
ne demeura jamais ſi bas pendant
un tems un peu conſidérable, qu'il
l'eſt dans les Etats commerçans des
Siécles modernes (*a*).

Parmi les autres inconvéniens
que les Lacédémoniens firent éprouver aux Athéniens en fortifiant Décélie , Thucidide (*b*) repréſente
comme un des plus conſidérables
qu'ils ne pouvoient plus apporter
leur blé de l'Eubée par terre , en
paſſant par Oropus , mais qu'ils
étoient obligés de s'embarquer &
de faire voile autour du Promon-
toire de Sunium. Ce qui eſt un exemple ſurprenant de l'imperfection de
la navigation des Anciens ; car le

(*a*) Voyez le Diſcours IV.
(*b*) *Liv.* 7.

transport

tranſport par eau n'eſt pas ici au-deſſus du double de celui par terre.

Je ne me rappelle pas un paſſage de quelque ancien Auteur où l'accroiſſement d'une Ville ſoit attribué à l'établiſſement de quelque Manufacture. Le Commerce floriſſant, dont il eſt parlé, eſt principalement l'échange de ces commodités pour leſquelles différens ſols & différens climats ſont propres. Le trafic du vin & de l'huile en Afrique, ſuivant Diodore de Sicile (a), étoit le fondement des richeſſes d'Agrigente. La ſituation de la Ville de Sybaris, ſuivant le même Auteur, étoit cauſe qu'elle étoit extrêmement peuplée, étant bâtie près des deux rivieres Crathys

____

(a) Liv. 13.

& Sybaris. Mais nous pouvons obferver que ces deux rivieres ne font pas navigables, & pouvoient feulement produire quelques vallées fertiles pour l'Agriculture, avantage fi petit qu'un Ecrivain moderne en feroit à peine mention.

La barbarie des anciens Tyrans, & l'amour extrême de la liberté qui animoit ces Siécles, auroient banni néceffairement tous les Marchands & Manufacturiers, & dépeuplé entierement un Etat qui auroit fubfifté fur l'Induftrie & le Commerce. Tandis que le cruel & foupçonneux Denys commettoit toutes fes boucheries, quel eft celui qui auroit voulu refter expofé à cette implacable barbarie, s'il n'avoit pas été retenu par des biens fonds, ou s'il avoit pû emporter avec lui quelque Art ou quelque Induftrie pour fe procurer fa fubfiftance dans d'autres Pays ? Les perfécutions de Philippe II. & de Louis XIV. ont rempli toute l'Europe de Manufacturiers de Flandres & de France †.

J'avoue que l'Agriculture eft l'efpece d'Induftrie qui eft principalement requife pour la fubfiftance d'une multitude de Peuples ; mais il eft poffible que cette Induftrie même puiffe fleurir où les Manu-

---

† Ces Manufactures, ainfi tranfportées, pour me fervir des expreffions d'un autre Auteur Anglois, ont caufé de plus grands dommages aux Etats qui les avoient perdues fi inconfidérément. Ces objets innocens du Commerce font bientôt revenus *fous la forme terrible d'Hommes & de Vaiffeaux armés*, ont fait perdre au Roi d'Efpagne la plus grande partie des Pays - Bas, & ont mis Louis XIV. à la fin d'une guerre qui a ruiné fon Royaume, dans le danger de le voir démembrer.

factures & les autres Arts font incon-
nus ou négligés. La Suiffe eft à préfent un exemple très-remarquable,
où nous trouvons tout à la fois les
plus habiles Cultivateurs de la terre,
& les Trafiquans les plus médiocres
qu'il y ait dans toute l'Europe.
Nous avons raifon de préfumer que
l'Agriculture fleuriffoit puiffamment
en Grèce & en Italie, du moins en des
cantons particuliers & en de certains
tems; il ne nous eft pas auffi bien
prouvé que les Arts méchaniques
aient atteint le même degré de perfection, fpécialement fi nous faifons attention à la grande égalité
dans les anciennes Républiques,
où chaque famille étoit obligée de
cultiver fon propre petit champ
avec le plus de foin, pour pourvoir
à fa fubfiftance.

Mais eft-ce raifonner jufte que
de conclurre de ce que dans quel-

ques exemples, l'Agriculture peut fleurir sans le Commerce ou les Manufactures, que dans une grande étendue de Pays & pour des tems considérables, elle ait pû subsister seule ? La voie la plus naturelle pour l'encourager, est d'exciter les autres espéces d'Industrie, & de fournir par-là à celui qui cultive la terre, un Marché où il vende ses denrées, & d'où il remporte en retour les sortes de biens qui peuvent contribuer à son plaisir & à sa jouissance. Cette méthode est infaillible & universelle, & comme elle est plus mise en pratique dans ces Gouvernemens modernes que dans les Anciens, il y a à présumer que les premiers sont plus peuplés.

Tout homme, dit Xénophon (a).

(a) Œcon.

peut être un Fermier ; il ne faut ni art ni habileté. Tout confiste dans une forte d'induftrie & d'attention au travail, une forte preuve qu'ainfi que Columelle paroît l'infinuer, l'Agriculture étoit encore affez mal connue dans le fiécle de Xénophon.

Toutes les chofes qui dans ces derniers tems ont été découvertes ou perfectionnées, n'ont-elles contribué en rien à rendre la fubfiftance des hommes plus aifée, & par conféquent à leur propagation ? Notre habileté fupérieure dans les Méchaniques, la découverte du nouveau Monde qui a fi fort augmenté le Commerce, l'établiffement des Poftes, & l'ufage des Lettres de change doivent néceffairement avoir beaucoup contribué à l'encouragement des Arts & de l'Induftrie, & à la propagation des hommes. Si l'on venoit tout à coup à perdre ces avantages, quels dommage s'enfuivroient dans toute efpéce d'affaires & de travail! Quelles multitudes de familles périroient fur le champ de befoin & de faim! Il ne paroît pas même probable qu'aucune autre inftitution pût nous tenir lieu de ces nouvelles inventions.

Avons-nous aucun lieu de croire que la Police des anciens Etats fût comparable en quoi que ce foit à celle des Modernes, ou que les hommes fuffent alors également en fûreté, foit dans leurs maifons, foit dans leurs voyages par terre & par mer? Il n'eft pas douteux que tout homme qui voudra examiner cette queftion avec impartialité, ne nous donne la préférence fur ce point (a).

____

(a) *Effais de Morale & de Politique*, Effai XV.

Ainſi en comparant le tout, il paroît impoſſible de donner des raiſons ſatisfaiſantes, pourquoi le monde auroit été plus peuplé dans les tems Anciens que dans les Modernes. L'égalité de biens parmi les Anciens, la Liberté & les petites diviſions de leurs Etats, étoient, à la vérité, favorables à la propagation du Genre humain. Mais leurs guerres étoient plus ſanglantes, leurs Gouvernemens plus factieux & plus incertains, le Commerce plus languiſſant, les Manufactures plus foibles, & la Police générale plus négligée & plus irréguliere. Ces derniers avantages paroiſſent former un contrepoids ſuffiſant aux premiers avantages, & favoriſent plutôt l'opinion oppoſée à celle qui prévaut communément ſur cette matiere.

Mais, me dira-t-on, il n'y a pas
de

de raisonnement à admettre contre les faits. S'il paroît que le monde étoit alors plus peuplé, qu'il ne l'est à présent, nous devons être assûrés que toutes nos conjectures sont fausses, & que quelque circonstance essentielle dans la comparaison nous a échappé. J'avoue cela aisément: je reconnois l'insuffisance de tous nos raisonnemens précédens. Ce ne sont au plus que quelques petites escarmouches, & quelques foibles rencontres qui ne décident rien ; mais malheureusement nous n'avons pas de quoi rendre le combat principal plus décisif.

Les faits qui nous sont transmis par les anciens Auteurs, sont si incertains & si imparfaits, qu'ils n'offrent rien de satisfaisant sur cette matiere ; & comment cela pourroit-il être autrement ? puisque les faits même qu'il faut leur opposer en calculant la grandeur des Etats modernes, font bien loin d'être ou certains ou complets. Des Ecrivains célébres † ont fouvent établi leurs

---

† Diodore de Sicile, *Liv.* 1. *Chap.* 53. & 54. rapporte qu'il naquit plus de dix-fept cens enfans mâles en Egypte, le même jour qui donna la naiffance au fameux Séfoftris, que le Pere de ce Monarque ordonna que l'on fit mener tous ces jeunes Enfans à la Cour, & qu'on leur donnât la même éducation qu'à fon Fils. Perfuadé qu'élevés avec le Prince dès leur plus tendre enfance, ils feroient fes Amis, fes Généraux & fes Soldats les plus fidéles & les plus affectionnés. L'ingénieux & favant Docteur HALLEY part de-là, & donnant à chaque jour à peu près un pareil nombre de mâles, calcule qu'il n'en devoit pas naître dans un an moins de fix cens vingt mille cinq cens; d'où il conclut qu'il y avoit au-delà de dix-fept millions de mâles en Egypte dans ce fiécle reculé, & en admettant un nombre égal d'Enfans de l'autre Sexe, qu'il s'y trou-

calculs fur des fondemens qui ne

***

va plus de trente-quatre millions d'ames. Le calcul eſt juſte ; mais ſur quoi porte-t-il? Sur un fait , peut-être fabuleux comme tant d'autres , que les Hiſtoriens ont rapporté de ce même Séſoſtris.

Ce célébre Mathématicien a auſſi établi une Régle par laquelle on peut à peu près déterminer le nombre d'Habitans de quelque Ville , ou quelque Etat que ce ſoit , par celui de ſes Hommes de guerre. M. WAL-LACE , qui l'admet , compare les Egyptiens & les François , & comptant ceux-ci au nombre de ſeize ou vingt millions , & l'Armée que le Roi maintient ſur le pié de deux cens mille hommes , trouve que l'Egypte , ſuivant cette proportion , doit avoir contenu trente-deux ou quarante mil-lions d'Habitans. Sans remonter plus haut que le commencement du Regne de Louis XIV. lorſqu'il n'avoit encore que de petites Armées qui faiſoient de ſi grandes choſes , dans une pareille comparaiſon faite de ce tems-là , ſur les principes de M. HALLEY , la France auroit joué un bien plus petit

valoient pas mieux que ceux de l'Empereur Héliogabale, qui forma une eſtimation de l'immenſe grandeur de Rome, du poids de dix mille livres de toile d'Araignées,

---

rôle vis-à-vis de l'Egypte. Il n'y a pourtant pas apparence qu'elle fût alors moins peuplée. De nouvelles combinaiſons dans la Politique de l'Europe ont obligé depuis la France à tenir un plus grand nombre de Troupes ſur pié. On n'en doit pas conclure pour cela qu'elle ait aujourd'hui un plus grand nombre d'Habitans. Que ſeroit-ce ſi on faiſoit le même calcul ſous les Regnes de Louis XI. ou de François I. & à plus forte raiſon ſous ceux de leurs Prédéceſſeurs ! La fauſſeté des réſultats ſuffiroit pour faire ſentir la témérité, & peut-être le ridicule de tous ces calculs ſur leſquels on bâtit de ſemblables ſyſtèmes. Les Anglois ſont convaincus qu'on peut tout calculer, & en cela ils ont raiſon ; mais ils ne prennent pas toûjours garde, s'ils ont les fondemens néceſſaires pour appuyer leurs calculs.

qui furent trouvées dans cette Ville (*a*).

Il est à remarquer que les nombres de toute espéce sont incertains
dans les anciens Auteurs , & ont
été sujets à de plus grandes cor-
ruptions , qu'aucune autre partie du
Texte. La raison en est bien sensible ; les autres altérations d'ordinaire affectent le sens ou la Gram-
maire , & font plus aisément apper-
çues par le Lecteur & par le Copiste.

On trouve peu d'énumérations
des Habitans de quelque Pays par
un ancien Auteur digne de foi , faites de maniere à fournir des vûes
assez étendues de comparaison.

Il est probable qu'il y avoit an-

____

(*a*) *Ælii Lamprid. in vitâ Heliogabalis*,
Cap. 28.

ciennement des moyens de vérifier les nombres des Citoyens assignés à chaque Ville libre, parce qu'ils entroient pour une partie dans le Gouvernement, & que l'on en gardoit des Régistres exacts. Mais comme on ne fait jamais mention du nombre des Esclaves, cela nous laisse dans l'incertitude sur la quantité des Habitans d'une seule Ville.

La premiere page de Thucidide est, à mon avis, le commencement d'une Histoire réelle. Toutes les Histoires précédentes sont tellement mêlées de Fables, que les Philosophes doivent les abandonner en grande partie à l'embellissement des Poëtes & des Orateurs.

En général, il y a plus de candeur & de sincérité dans les anciens Historiens ; mais moins d'exactitude & de soin. Nos factions spéculatives, sur-tout celles de Religion, nous fascinent tellement les yeux, que les hommes semblent regarder l'impartialité, avec leurs Adversaires & avec les Hérétiques, comme un vice ou une foiblesse. Mais l'impression, en rendant les Livres si communs, oblige les Historiens modernes à éviter avec plus de soin les incongruités & les contradictions. Diodore de Sicile est un bon Ecrivain ; c'est pour cela même que je vois avec peine que sa Narration contredit, en tant de particularités, les deux Ouvrages les plus authentiques de l'Histoire Grecque, à savoir, l'Expédition de Xénophon, & les Oraisons de Démosthène. Plutarque & Appien paroissent à peine avoir lû les Epîtres de Cicéron.

A l'égard des tems éloignés, les nombres des Habitans de chaque Ville, dont il est fait mention, sont fouvent trop ridicules pour être d'aucune autorité. Les Citoyens libres de Sybaris en état de porter les armes, & qui furent mis en bataille, étoient au nombre de trois cens mille. Ils rencontrerent à Siagra cent mille Citoyens de Crotone, autre Ville Grecque, qui leur étoit contigue & furent défaits par eux. C'eft un fait que rapporte Diodore de Sicile, & fur lequel il infifte très-férieufement (a). Strabon fait auffi mention du même nombre de Sybarites (b).

Diodore de Sicile (c) faifant le calcul des habitans d'Agrigente, lorfque cette Ville fut détruite par les Carthaginois, dit qu'ils montoient à vingt mille Citoyens, deux

---

(a) Lib. 12.
(b) Lib. 6.
(c) Lib. 13.

cens mille Etrangers, outre les Esclaves qui dans une Ville aussi opulente qu'il représente celle-ci, devoient pour le moins être aussi nombreux. Il est à remarquer que les femmes & les enfans n'y sont pas compris, & que par conséquent sur le tout, la Ville devoit contenir près de deux millions d'habitans (*a*). Et qu'elle étoit la raison d'un nombre si prodigieux ? Les Agrigentins étoient très-industrieux à cultiver les champs voisins, qui n'excédoient pas une petite Province d'Angleterre, & ils trafiquoient avec leur vin & leur huile en Afrique, qui manquoit alors entiérement de toutes ces commodités.

––––––––––––

(*a*) Diogène de Laerte, dans la Vie d'Empédocle, dit qu'Agrigente contenoit seulement huit cens mille Habitans.

Ptolomée, dit Théocrite (*a*), commande à trente trois mille trois cens trente neuf Villes. Je suppose qu'il n'a assigné ce nombre qu'à cause de sa singularité. Diodore de Sicile (*b*) donne trois millions d'Habitans à l'Egypte , nombre assurément très-modique ; mais il fait monter celui des Villes qu'elle contenoit à dix-huit mille , ce qui est une contradiction évidente.

Il dit (*c*) qu'il y avoit anciennement dans ce Pays sept millions d'hommes ; c'est ainsi que les tems reculés ont toûjours été le plus enviés & le plus admirés.

Je crois aisément que l'Armée de Xercès étoit extrêmement nombreuse, soit à cause de la grande

___

(*a*) Idyll. 17.
(*b*) Lib. 1.
(*c*) Id. ibid.

étendue de son Empire, soit en conséquence de la folle coûtume des
Nations Orientales d'embarrasser
leurs Camps d'une multitude super-
flue. Mais aucun homme raisonnable citera-t-il les narrations mer-
veilleuses d'Hérodote comme une
autorité ? J'avoue qu'il y a quelque chose de très-sensé dans l'argument de Lysias sur ce sujet (*a*). Si
l'Armée de Xercès, dit-il, n'avoit
pas été si prodigieusement nombreuse, elle n'eût jamais fait un
pont sur l'Hellespont ; il lui auroit
été plus aisé de faire faire aux hommes un trajet si court, sur le grand
nombre de vaisseaux dont il étoit
Maître.

Polybe dit (*b*) que les Romains

(*a*) *Orat. funebris.*
(*b*) Liv. 2.

entre la premiere & la seconde
guerre Punique , étant menacés
d'une invasion par les Gaulois ,
firent la revue de toutes leurs forces & de celles de leurs Alliés , &
qu'elles se trouverent monter à sept
cens mille hommes en état de porter les armes ; nombre prodigieux
assurément & qui joint à celui des
Esclaves , est probablement plus
que cette étendue de Pays ne com-
porte à présent (*a*). Il semble cependant que le calcul ait été fait
avec quelque exactitude , & Polybe nous donne le détail des particularités ; mais n'a-t-on pas pû amplifier le nombre pour donner plus
de courage au Peuple ?

____

(*a*) Le Pays qui fournit ce nombre n'é-
toit pas au-dessus du tiers de l'Italie ; à savoir , les Etats du Pape, la Toscane & une
partie du Royaume de Naples.

Diodore de Sicile fait monter la même énumération à près d'un million : ces variations font fuspectes. Il eft évidert qu'il fuppofe auffi que de fon tems l'Italie n'étoit pas fi peuplée, autre circonftance qui autorife nos foupçons : car qui peut croire que les Habitans de ce Pays aient diminué depuis le tems de la premiere guerre punique jufqu'à celui du Triumvirat ?

Jules Céfar, fuivant Appien (*a*), livra bataille à quatre millions de Gaulois, il en tua un million, & il en prit un autre prifonier (*b*) ; en fuppofant que le nombre des Soldats de l'armée ennemie & ce-

______

(*a*) *Celtica.*

(*b*) *Plutarch. in vitâ Caf.* ne fait monter cette armée de Gaulois qu'à trois millions. *Julian. in Cæfaribus*, à deux.

lui des morts fuſſent en effet rap-
portés avec exactitude , ce qui n'eſt
jamais poſſible ; comment pourroit-
on ſavoir combien ſouvent le même Homme eſt retourné dans les
armées , ou comment diſtinguer
les Soldats nouvellement enrégi-
mentés des Anciens ? On ne doit
faire aucune attention à ces calculs
exagérés , ſur-tout lorſque l'Auteur
ne nous dit rien de la maniere dont
ces calculs ont été faits.

Paterculus ne fait monter le nombre (*a*) des Soldats tués par l'armée de Céſar qu'à quatre cens mille. Ce compte paroît beaucoup
plus raiſonnable , & en effet plus
aiſé à concilier avec l'Hiſtoire de
ces guerres , que le Conquérant a
donnée lui-même dans ſes Commentaires.

____

(*a*) *Lib.* 2. *Cap.* 47.

On s'imagineroit que chaque circonftance de la vie & des actions de
Denys l'Ancien pourroit être regardée comme authentique, & exemte
de toute exagération fabuleufe ,
foit parce qu'il vivoit dans un tems
où les Lettres fleuriffoient dans la
Grèce , foit parce que fon principal
Hiftorien étoit Philiftus, homme reconnu pour un grand génie , & qui
étoit Courtifan & Miniftre de ce
Prince. Mais pouvons-nous admettre
qu'il eût fur pié une armée de cent
mille hommes d'Infanterie , & de
dix mille de Cavalerie, & une Flotte de quatre cens Galères (*a*). Il
eft à remarquer qu'il eft ici queftion
de Troupes mercenaires qui fubfiftoient de leur paye , comme nos
Armées en Europe : car les Citoyens

____

(*a*) *Diod. Sic. Lib.* 2.

étoient tout défarmés, & lorfqu'a-
près Dion envahit la Sicile, & qu'il
appella fes Compatriotes pour venger leur liberté, il fut obligé d'apporter des armes avec lui qu'il dif-
tribua parmi ceux qui le joigni-
rent (a).

Dans un Etat où l'Agriculture
feule fleurit, il peut y avoir
beaucoup d'Habitans, & s'ils font
bien armés & bien difciplinés,
c'eft une grande force qui eft toûjours prête dans l'occafion ; mais
on ne peut maintenir un Corps
confidérable de Troupes mercenaires, fans Commerce & fans Manufactures, ou fans des Domaines
très-étendus. Les Provinces-Unies
n'ont jamais eu, foit fur terre, foit
fur mer, les mêmes forces que cel-

(a) *Plutarch. in vita Dionyf.*

les

les que l'on dit avoir appartenu à Denys. Cependant elles poſſédent un auſſi grand territoire , parfaitement bien cultivé , & ont infiniment plus de reſſource dans leur Commerce & leur Induſtrie. Diodore de Sicile avoue que de ſon tems même l'armée de Denys paroiſſoit incroyable ; c'eſt-à-dire , comme je l'explique , paſſoit pour une pure fiction que l'on devoit à la flatterie outrée des Courtiſans , & peut-être à la vanité & à la Politique du Tyran lui-même.

La critique peut avec juſtice être ſoupçonnée de témérité , lorſqu'elle prétend corriger ou diſputer le ſimple témoignage des Anciens Hiſtoriens par quelque raiſonnement probable ou analogique ; cependant la licence des Auteurs ſur toute ſorte de ſujets , & particulierement à l'égard des nombres eſt ſi grande ,

que nous devons toûjours demeu-
rer dans une efpéce de doute ou de
réferve, toutes les fois que les faits
qu'ils avancent s'écartent dans la
moindre chofe des bornes ordinaires de la nature & de l'expérience.
J'en choifirai un exemple dans l'Hiftoire Moderne. Le Chevalier Temple nous dit dans fes Mémoires,
qu'ayant eû une converfation libre
avec Charles II. il avoit faifi cette
occafion pour lui repréfenter l'im-
poffibilité d'introduire dans cette
Ifle la Religion & le Gouvernement de France, principalement à
caufe des grandes forces néceffaires pour foûmettre l'efprit & la liberté d'un Peuple fi brave. » Les
» Romains, dit-il, furent forcés de
» tenir ici douze Légions (a) à ce

______

(a) Strabon, *Liv.* 4. dit qu'une Légion

» deffein (une grande abfurdité)
» & Cromwell a laiffé une Armée
» de près de quatre - vingt mille
» hommes. « Ce fait ne doit-il pas
être regardé par les Critiques futurs, comme démontré lorfqu'ils
le trouveront affirmé par un fage
& favant Miniftre d'Etat, qui étoit
Contemporain du fait, & qui adreffe
la parole fur un fujet défagréable
à un grand Monarque qui étoit
auffi Contemporain , & qui avoit
rompu ces mêmes forces quatorze
ans auparavant. Cependant il eft
aifé de prouver par des autorités
inconteftables, que lorfque Cromwel mourut, fon Armée ne mon-

---

feroit fuffifante , avec quelque peu de Cavalerie ; mais les Romains communément entretenoient une plus grande force dans cette
Ifle, qu'ils n'ont jamais pris la peine de
fubjuguer entiérement.

toit pas à la moitié du nombre ci-
deſſus allégué.

C'eſt une erreur ordinaire de
conſidérer tous les Siécles de l'Antiquité, comme une même période de tems , & de calculer le nombre d'Habitans contenus dans les
grandes Villes, comme ſi ces Villes avoient été toutes Contempo-
raines. Les Colonies Grecques fleu-
rirent extrêmement en Sicile durant le Siécle d'Alexandre ; mais
du tems d'Auguſte , elles étoient
tellement tombées que preſque tout
le produit de cette Iſle fertile étoit
conſommé en Italie (a).

Examinons à préſent le nombre
des Habitans aſſignés aux Villes
particulieres de l'Antiquité ; & en
omettant ce qui regarde Ninive ,

____

(a) Strabon, Liv. 6.

Babylone & la Thébes d'Egypte, renfermons-nous dans la Sphère de l'Hiftoire réelle des Empires Grec & Romain. Il faut que j'avoue que plus je réfléchis fur ce fujet, plus je me fens enclin au Scepticifme à l'égard de cette grande Population attribuée aux anciens tems.

Platon (*a*) dit qu'Athènes eft une très-grande Ville ; & c'étoit fûrement la plus grande de toutes les Villes Grecques (*b*), excepté Syracufe qui étoit à peu près de la même grandeur dans le tems de Thucidide (*c*), & qui après s'accrut beaucoup au-delà. Car Cicé-

---

(*a*) *Apolog. Socr.*

(*b*) Argos paroît auffi avoir été une grande Ville ; car Lyfias fe contente de dire qu'elle n'excédoit pas Athènes. *Orat.* 34.

(*c*) *Lib.* 6. Voyez auffi *Plutarch. in vitâ Niciæ.*

ron (*a*) en parle comme de la plus grande des Villes Grecques de son tems, ne comprenant pas apparemment ni Antioche, ni Aléxandrie fous cette dénomination. Athénée (*b*) dit que par le calcul de Démétrius Phaléréus, il y avoit à Athènes vingt-un mille Citoyens, dix mille Etrangers & quatre cens mille Esclaves. Ceux dont je révoque l'opinion en doute, infiftent beaucoup fur ce nombre, & ils le regardent comme un fait décifif pour leur fentiment. Mais, à mon avis, il n'eft pas douteux qu'Athénée & Ctéfi-

-----

(*a*) *Orat. contra Verrem*, *Liv.* 4. *Chap.* 52. Strabon, *Liv.* 6. dit qu'elle avoit vingt-deux milles de tour ; mais il faut confidérer qu'elle contenoit deux Havres, dont l'un étoit très-vafte, & pouvoit être regardé comme une efpéce de rade.

(*b*) *Lib.* 6. *Cap.* 20.

clès qu'il cite , ne se soient ici trompés. Le nombre des Esclaves est augmenté d'un chiffre entier , & ne doit être compté que pour quarante mille.

Premierement, lorsqu'Athénée (a) dit que le nombre des Citoyens étoit de vingt-un mille , il n'est question que des hommes faits ; car Hérodote (b) dit qu'Aristagoras , Ambassadeur des Ioniens , trouva qu'il étoit plus difficile de tromper un Spartiate que trente mille Athéniens , voulant parler de tout l'Etat qu'il suppose réuni dans une Assembée du Peuple , excluant les femmes & les enfans. Thucidide (c) dit qu'en faisant des dé-

---

(a) Démosthène en compte vingt mille. *Contra Aristog.*

(b) Liv. 5.

(c) Lib. 8.

ductions pour les abſens employés dans les Flottes, l'Armée & les Garniſons, ou retenus par leurs affaires particulieres, les Aſſemblées des Athéniens n'ont jamais monté à cinq mille hommes. Les Troupes dont le même Hiſtorien (*a*) fait l'énumération, & qui étoient toutes compoſées de Citoyens, au nombre de treize mille hommes d'Infanterie armée, prouvent la même maniere de calculer.

Tous les Hiſtoriens Grecs (*b*) ont ſuivi cette méthode, & entendent toûjours parler d'hommes faits, lorſqu'ils donnent le nombre des Habitans (*c*) de quelque

(*a*) *Lib.* 2. Le calcul de Diodore de Sicile s'accorde parfaitement avec celui-ci, *Lib.* 12.

(*b*) Xénophon, *Mem. Lib.* 2.

(*c*) *Lib.* 2.

République.

République. Ceux - ci donc étant le quatriéme des Habitans d'Athènes, sur ce pié les Citoyens libres alloient à quatre-vingt-quatre mille, les Etrangers à quarante mille, & les Esclaves, en calculant par le plus petit nombre, & en les supposant mariés, & faisant des enfans, comme les hommes libres, à cent soixante mille (*a*). Ainsi tous les Habitans ensemble devoient faire à peu près deux cens quatre-vingt-quatre mille ; un nombre assurément assez considérable. L'autre calcul d'un million sept cens vingt mille, fait Athènes plus grande que Londres & Paris réunis.

Secondement, il n'y avoit que dix mille maisons à Athènes.

Troisiémement, quoique l'éten-

(*a*) *De Ratione red.*

Tome II.   R

due des murs (*a*), telle que Thucidide nous la donne , fût grande (à
savoir dix-huit milles, outre la Côte
de la Mer) , cependant Xénophon
dit qu'il y avoit de vastes champs
au-dedans des murs. Il paroît , à
la vérité , qu'ils ont joint quatre
Cités distinctes & séparées.

(*a*) Observons que lorsque Denys d'Halicarnasse dit , que si on regarde les anciens
murs de Rome , l'étendue de cette Ville ne
paroîtra pas plus grande que celle d'Athènes , il faut qu'il entende l'Acropolis ou la
Ville haute. Aucun ancien Auteur ne parle
jamais du Pyrée , de Phalérus & de Micny-
chia , comme de la même chose qu'Athènes. On peut encore beaucoup moins supposer que Denys ait voulu considérer la
matiere sous cet aspect , après que les murs
de Cimon & de Périclès furent détruits , &
qu'Athènes fut entiérement séparée de ces
autres Villes. Cette observation fait tomber
tous les raisonnemens de Vossius , & introduit le sens commun dans ces calculs.

Quatriémement, les Historiens ne parlent d'aucune révolte d'Esclaves, excepté un trouble séditieux parmi ceux qui travailloient aux Mines (*a*).

Cinquiémement, Xénophon (*b*), Démosthène (*c*) & Plaute (*d*), disent que les Esclaves étoient traités avec beaucoup de douceur & d'indulgence, ce qui n'auroit pas été le cas, si la disproportion eût été de vingt à un. Elle n'est pas si grande dans nos Colonies; cependant nous sommes obligés d'exercer sur nos Négres le Gouvernement Militaire le plus rigoureux.

Sixiémement, aucun homme n'est jamais estimé riche pour possé-

---

(*a*) Athénée, *Lib.* 6.
(*b*) *De Rep. Athen.*
(*c*) *Philipp.* 3.
(*d*) *Sticho.*

R ij

der ce qui peut être compté comme une égale diſtribution de propriété dans un Pays, ou même le
triple ou le quadruple de ce bien.
Ainſi quelques gens calculent que
chaque perſonne en Angleterre dé-
pènſe ſix ſols par jour, cependant
celui qui a cinq fois cette ſomme
à dépenſer, eſt encore regardé
comme pauvre. Revenons aux Anciens; au rapport d'Echine (*a*),
Timarche avoit joui d'une aſſez
grande fortune; il n'étoit cependant Maître que de dix Eſclaves
employés aux Manufactures. Lyſias
& ſon frere, deux Etrangers furent
proſcrits par les quarante pour leurs
grandes richeſſes; quoiqu'ils n'en
euſſent chacun que ſoixante (*b*).

(*a*) *Contra Timarch.*
(*b*) *Orat. II.*

Démosthène fut laissé très-riche par son Pere, cependant il n'avoit pas plus de cinquante-deux Esclaves (*a*). L'Attelier de ses vingt Menuisiers d'Ebénisterie, est regardé comme une Manufacture très - considérable (*b*).

Septiémement, durant la guerre de Décélie, comme les Historiens Grecs l'appellent, vingt mille Esclaves déserterent, & selon Thucidide (*c*) réduisirent les Athéniens à de grandes extrémités. Ceci n'auroit pû arriver si ces déserteurs n'eussent été que la vingtiéme partie des Esclaves, & les meilleurs n'auroient pas déserté.

Huitiémement, Xénophon (*d*)

____

(*a*) *Contra Aphob.*
(*b*) *Ibid.*
(*c*) *Lib.* 7.
(*d*) *De Ratione red.*

proposé un plan pour entretenir aux dépens du Public dix mille Esclaves ; & chacun, dit-il, se convaincra aisément que l'Etat en peut supporter un aussi grand nombre, en considérant la quantité que nous en avions avant la guerre de Décélie : maniere de parler entierement incompatible avec le nombre plus grand d'Athénée.

Neuviémement, tout ce que les Athéniens payoient à l'Etat ne montoit pas à six mille talens, & quoique les nombres dans les anciens Manuscrits soient souvent soupçonnés par les Critiques, cependant celui-ci est incontestable, soit à cause que Démosthène (*a*) qui le donne, entre aussi dans les détails qui le vérifient, soit à cause que

____

(*a*) *De Classibus.*

Polybe (*a*) affigne le même nombre, & en fait la bafe de fes raifonnemens. Or, l'Efclave le plus commun pouvoit gagner par fon travail
une obole par jour au-deffus de fa
fubfiftance, comme nous l'apprenons de Xénophon (*b*), qui dit
que l'Intendant de Nicias payoit
autant à fon Maître pour chaque
Efclave qu'il employoit au travail
des Mines. Si l'on veut prendre la
peine de fupputer une obole par
jour, & les Efclaves à quatre cens
mille, en calculant feulement au
denier vingt-cinq, on trouvera la
fomme de douze mille talens, en
faifant même une déduction pour
le grand nombre de Fêtes que l'on
obfervoit à Athènes. D'ailleurs,

(*a*) *Lib.* 2. *Cap.* 62.
(*b*) *De Ratione red.*

plusieurs Esclaves tiroient de leur Art une valeur beaucoup plus grande. Le prix le plus bas que Démosthène (*a*) estime les Esclaves de son pere, est de deux mines par tête ; & sur cette supposition, il est assez difficile, je l'avoue, de concilier même le nombre de quarante mille Esclaves avec le Cens de six mille talens.

Dixiémement, Thucidide (*b*) dit que Chios contenoit plus d'Esclaves qu'aucune Ville de la Grèce, excepté Sparte. Donc Sparte en avoit alors plus qu'Athènes à proportion du nombre des Citoyens. Il y avoit de Spartiates neuf mille dans la Ville, trente mille dans le Pays (*c*). Les Esclaves mâles alors

(*a*) *Contra Aphob.*
(*b*) *Lib.* 8.
(*c*) *Plutarch. in vitâ Lycurg.*

au-deſſus de vingt ans , devoient aller à plus de ſept cens quatre-vingt mille , ce qui feroit en tout plus de trois millions cent vingt mille : nombre qu'il auroit été im-poſſible de faire ſubſiſter dans un Pays étroit & déſert , tel que la Laconie qui n'avoit pas de Commerce. Si le nombre des Elotes eût été ſi prodigieux , le maſſacre de deux mille dont Thucidide (a) fait mention les auroit irrités ſans les affoiblir.

D'ailleurs , il faut obſerver que le nombre quel qu'il ſoit , aſſigné par Athénée (b) , comprend tous

____

(a) Lib. 4.

(b) Le même Auteur aſſûre que Corin-the avoit autrefois quatre cens ſoixante mille Eſclaves ; Egine , quatre cens ſoixante & dix mille : mais les raiſonnemens précé-dens ſont bien forts contre ces faits. Il eſt

les Habitans de l'Attique aussi-bien que ceux d'Athènes. Les Athéniens aimoient beaucoup la vie de la Campagne comme nous l'apprenons de Thucidide (*a*) ; & lorsqu'ils furent tous resserrés dans leur Ville par l'invasion de leur territoire durant la guerre du Péloponese, la Ville ne se trouva pas en état de les contenir, & ils furent obligés faute de logement, de coucher fous les Portiques, dans les Temples, & même dans les rues (*b*).

La même remarque doit s'étendre à toutes les autres Villes de

---

pourtant à remarquer qu'Athénée cite pour ce dernier fait, une autorité auffi grande que celle d'Ariftote. Le Scholiaste fur Pindare fait mention du même nombre d'Esclaves à Egine.

(*a*) Lib. 2.

(*b*) Id. ibid.

la Grèce ; lorsqu'il est question du nombre des Citoyens, nous devons toûjours l'entendre des Habitans du Pays voisin , aussi-bien que de la Ville. Cependant avec tout cela il faut avouer que la Grèce étoit un Pays très-peuplé , & excédoit de beaucoup ce que nous pourrions imaginer d'un si petit territoire, qui n'étoit pas naturellement trop fertile , & qui ne tiroit aucuns supplémens de blé des autres endroits. Car excepté Athènes, qui commerçoit avec le Pont (*a*) pour cette

____

(*a*) *Demosth. contra Lept.* Les Athéniens tiroient annuellement du Pont, quatre cens mille Boisseaux de blé , comme il paroissoit par les Régistres de la Douane. En ce tems ils en tiroient peu d'aucune autre place. Ceci en passant est une forte preuve qu'il y a quelque grande erreur dans le passage précédent d'Athénée ; car l'Attique étoit si stérile en blé , qu'elle n'en produisoit pas

denrée, les autres Villes paroiſſent avoir ſubſiſté principalement de leur territoire voiſin.

Rhodes eſt bien connue pour avoir été une Ville d'un Commerce très-étendu, & de beaucoup de réputation & de ſplendeur ; cependant elle ne contenoit que ſix mille Citoyens en état de porter les armes lorſqu'elle fut aſſiégée par Démétrius (a).

---

aſſez pour nourrir les Payſans. *Titi-Livii*, *Lib.* 43. *Cap.* 6. *Lucian.* (*Navigium ſive vota*) dit, qu'un Vaiſſeau qui par-les dimenſions qu'il en donne, paroit avoir été environ de la grandeur de nos Vaiſſeaux du troiſiéme rang , portoit autant de blé qu'il en falloit pour faire ſubſiſter l'Attique pendant un an. Mais peut-être qu'Athènes étoit déchue en ce tems ; & d'ailleurs il n'eſt pas ſûr de ſe fier à ces calculs de Rhétorique purement arbitraires.

(a) *Diod. Sic. Lib.* 20.

Thébes a toûjours été une des Villes Capitales de la Grèce (*a*), cependant elle ne l'emportoit pas sur Rhodes par le nombre de ses Habitans (*b*) ; Xénophon dit que Phliasia est une petite Ville (*c*). Nous trouvons néanmoins qu'elle contenoit six mille Citoyens (*d*). Je n'entreprendrai pas de concilier des faits aussi contradictoires.

Mantinée étoit égale à quelque Ville d'Arcadie (*e*) que ce fût, & par conséquent elle étoit égale à Mégalopolis, qui avoit cinquante stades, ou six milles & un quart de circonférence (*f*) ; cependant Man-

---

(*a*) *Isoc. Paneg.*
(*b*) *Diod. Sic. Lib.* 15. *& 17.*
(*c*) *Hist. Græc. Lib.* 7.
(*d*) *Id. Lib.* 7.
(*e*) *Polyb. Lib.* 2.
(*f*) *Polyb. Lib.* 9. *Cap.* 20.

tinée n'avoit que trente mille Citoyens (*a*) ; donc les Villes Grecques contenoient souvent des champs
& des jardins avec les maisons ,
donc nous ne pouvons juger du
nombre de leurs Habitans par l'é-
tendue de leurs murs. Athènes ne
contenoit pas plus de dix mille
maisons , tandis que ses murs avec
la côte de la Mer avoient plus de
vingt milles d'étendue. Syracuse étoit
de vingt-deux milles en circonférence. A peine cependant a-t-il été
remarqué par les Anciens, que cette Ville ait été plus peuplée qu'A-
thènes. Babylone étoit un quarré
de quinze milles ou de soixante milles en circuit ; mais nous apprenons
de Pline qu'il y avoit des enclos &
de vastes champs cultivés. Le mur

____

(*a*) Lysias, *Orat.* 34.

de Marc-Aurele étoit de cinquante
milles de circonférence. (a). Le
circuit de toutes les treize divisions
de Rome, suivant Publius Victor,
n'étoit que d'environ quarante-trois
milles. Lorsque l'ennemi envahissoit
le Pays, tous les Habitans se reti-
roient dans les murs des Villes avec
leur bétail, leurs meubles, leurs instrumens d'Agriculture, &c. La grande hauteur des murs faisoit qu'un
petit nombre d'hommes pouvoit les
défendre facilement.

Sparte, dit Xénophon (b), est
une des Villes de la Grèce qui a
le moins d'Habitans ; cependant
Polybe (c) dit qu'elle avoit qua-

(a) *Vospicus, in vitâ Aurel.*

(b) *De Rep. Laced.* Il n'est pas aisé de
concilier ce passage avec celui de Plutarque, qui dit que Sparte avoit neuf mille
Citoyens.

(c) *Polyb. Lib. 9. Cap. 20.*

rante huit ſtades de circonférence ;
& qu'elle étoit ronde.

Tous les Etoliens en état de
porter les armes du tems d'Antipater, ne faiſoient que dix mille hommes (*a*).

Polybe nous dit que la Ligue
Achéenne pouvoit, ſans aucun inconvénient, raſſembler trente ou
quarante mille hommes, & ce calcul paroît très-probable ; car cette
Ligue comprenoit la plus grande
partie du Péloponèſe : cependant
Pauſanias (*b*), parlant du même
tems, dit que tous les Achéens en
état de porter les armes, même
lorſque pluſieurs Eſclaves affranchis
leur furent joints, ne montoient pas
à plus de quinze mille.

(*a*) *Diod. Sic. Lib.* 18.
(*b*) *In Achaïcis.*

Les

Les Theſſaliens juſqu'à la derniere conquête qu'en firent les Romains, furent dans tous les tems, turbulens, factieux & féditieux (*a*); ainſi il n'eſt pas naturel de ſuppoſer que cette partie de la Grèce ait jamais été fort peuplée.

Tous les Habitans de l'Epire, de tout âge, de tout ſexe, & de toute condition, qui furent vendus par Paul Emile, monterent ſeulement à cent cinquante mille (*b*); cependant l'Epire n'avoit pas le double d'étendue de la Province d'Yorck (*c*).

—————————————————————

(*a*) *Titi-Livii, Lib.* 34. *Cap.* 51. *Plato in Critone.*

(*b*) *Titi-Livii, Lib.* 45. *Cap.* 34.

(*c*) Un Ecrivain moderne de France, dans ſes *Obſervations ſur les Grecs*, a remarqué que Philippe de Macédoine étant déclaré Capitaine-Général des Grecs, auroit

Nous pouvons examiner à pré-

été foûtenu par la force de deux cens trente
mille hommes de cette Nation, dans l'expédition qu'il projettoit contre la Perfe. Je
fuppofe que ce nombre comprend tous les
Citoyens libres de toutes les Villes : mais
j'avoue que ma mémoire ne me rappelle
pas fur quelle autorité ce calcul eft fondé.
Cet Auteur, quoique d'ailleurs très-ingé-
nieux, a fuivi une mauvaife méthode, de
donner beaucoup d'érudition fans une cita-
tion. Mais en fuppofant que cette énumération pût être juftifiée par de bonnes autorités, nous pouvons établir le calcul fuivant.
Les Grecs libres de tout âge & de tout
exe, étoient au nombre de neuf cens vingt
mille. Les Efclaves, en les calculant comme ci-deffus par le nombre des Efclaves
Athéniens, qui rarement étoient mariés ou
avoient des familles, étoient le double des
Citoyens mâles, en état de porter les armes
c'eft-à-dire, quatre cens foixante mille, &
tous les Habitans de l'ancienne Grèce, environ un million trois cens quatre-vingt
mille, nombre qui n'eft pas confidérable,

Tent le nombre du Peuple dans Rome & dans l'Italie, & ramasser le peu que l'on a de lumiere dispersée dans des passages des Auteurs anciens. Nous trouverons de grandes difficultés à fixer aucune opinion sur ce sujet, & aucunes raisons pour appuyer ces calculs exagérés, que les Ecrivains modernes font tant valoir.

Denys d'Halicarnasse (a) dit que les anciens murs de Rome avoient à peu près la même circonférence que ceux d'Athènes ; mais que l'étendue des Fauxbourgs étoit immense, & que l'on ne savoit ni où

____

& qui n'excéde pas de beaucoup ce que l'on peut trouver à présent en Ecosse, pays qui est à peu près de la même étendue & qui est assez mal peuplé.

(a) Lib. 4.

la Ville finiſſoit, ni où la Campagne commençoit. Il paroît par le
même Auteur (a), par Juvénal (b),
& par quelques autres Auteurs anciens (c), que dans quelques en-

---

(a) *Lib.* 10.
(b) Satyre III, Liv. 269, & 270.
(c) Strabon, *Lib.* 5. dit que l'Empereur Auguſte défendit d'élever les maiſons
plus haut de ſoixante & dix pieds. Dans un
autre paſſage, *Liv.* 16. il parle des maiſons
de Rome, comme étant prodigieuſement
hautes. Voyez auſſi à ce ſujet Vitruve, *Liv.*
2. *Chap.* 8. Ariſtides le Sophiſte, dans ſon
Oraiſon εἰς Ρωμην, dit que Rome étoit com-
poſée de Villes ſituées ſur le ſommet d'autres Villes, & que ſi on venoit à l'étendre,
elle couvriroit la ſurface entiere de l'Italie.
Lorſqu'un Auteur ſe permet des déclamations auſſi extravagantes, & qu'il donne ſi
fort dans le ſtyle hyperbolique, on ne ſait
juſqu'à quel point il faut le réduire : mais
ce raiſonnement paroît naturel, ſi Rome
étoit bâtie d'une maniere auſſi éparſe que

droits de Rome, les maisons étoient très-élevées, & que les familles vivoient à des étages différens l'une au-dessus de l'autre. Mais il y a apparence que ce n'étoient que les Citoyens les plus pauvres, & seulement dans un petit nombre de rues.

Si nous en pouvons juger par la description que fait Pline le Jeune (*a*) de sa maison, & par les

---

Denys le dit ; & si elle s'étendoit si considérablement dans la Campagne, il doit y avoir eû peu de rues où les maisons fussent si hautes. C'est seulement faute de terrein, que quelqu'un bâtit d'une maniere si incommode.

(*a*) *Lib.* 2. *Epist.* 16. *Lib.* 5. *Epist.* 6. Pline décrit là une maison de Campagne ; mais puisqu'elle étoit selon l'idée que les Anciens avoient d'un bâtiment magnifique & commode, les gens riches bâtissoient sûrement à la Ville dans le même goût. In

plans des anciens bâtimens de *Bartoli*, les gens de qualité avoient des Palais très-fpacieux, & leurs édifices étoient comme les maifons des Chinois aujourd'hui, où chaque appartement eft féparé du refte, & ne s'éleve pas plus haut qu'un feul étage. A quoi fi nous ajoûtons que la Noblefle Romaine affectoit fort les portiques très-étendus, & même des bois (*a*) dans la Ville, nous pourrons peut-être accorder à Vof-

---

laxitatem ruris excurrunt, dit Sénéque des Riches & des Voluptueux, *Epift.* 114. Valere Maxime, *Liv.* 4. *Chap.* 4. parlant du Champ de quatre Acres de Cincinnatus, dit : *Anguftè fe habitare nunc putat, cufus domus tantum patet, quantum Cincinnati rura patuerant.* Voyez à ce fujet le *Livre* 36. *Chap.* 15. & aufli le *Livre* 18. *Chap.* 2.

(*a*) Vitruve, *Lib.* 5. *Cap.* 11. Tacite, *Annal. Lib.* 11. *Cap.* 3. Suétone, *in vitâ Octav. Cap.* 72. &c.

fius (quoiqu'il n'y ait aucune forte
de raifon pour cela) de lire à fa
maniere le fameux paffage de Pline
l'Ancien (*a*), fans admettre les

(*a*) *Mœnia ejus (Romæ) collegere ambitu*
Imperatoribus , Cenforibufque Vefpafianis ,
A. U. C. 828. Paff. XIII. M. C C. Com-
plexa montes feptem , ipfa dividitur in regio-
nes quatuordecim , compita earum , 165.
Ejufdem fpatii menfura , currente à milliaro
in capite Rom. Fori ftatuto ad fiugulas portas
quæ funt hodiè numero 37. ita ut duodecim
portæ femel numerentur , prætereanturque ex
veteribus feptem , quæ effe defierunt , efficit
paffuum per directum 30775. Ad extrema
verò tectorum cum caftris prætoriis ab eodem
milliario , per vicos omnium viarum , men-
fura collegit paulo amplius feptuaginta millia
paffuum. Quo fi quis altitudinem tectorum
addat , dignam profectò æftimationem conci-
piat , fateaturque nullius urbis magnitudinem
in toto orbe potuiffe ei comparari. Pline ,
Lib. 3. Cap. 5.

Dans tous les meilleurs Manufcrits de

conséquences extravagantes qu'il
en tire.

***

Pline, ce paſſage ſe lit tel qu'il eſt ici rapporté & l'enceinte des murs de Rome eſt
fixée à treize milles. La ſeule queſtion eſt de
ſavoir ce que Pline entend par 30775 pas,
& comment ce nombre étoit formé. La maniere dans laquelle je le conçois eſt celle-
ci. Rome étoit un demi-cercle de treize milles de circonférence. Le *Forum*, & par conſéquent la Colonne milliaire, comme nous
le ſavons, étoient ſitués ſur les bords du
Tibre & près du centre du cercle, ou ſur le
diamétre du demi-cercle. Quoiqu'il y eût
trente-ſept portes à Rome, cependant il n'y
en avoit que douze, dont les rues fuſſent
aſſez larges pour conduire à la Colonne
milliaire. Pline donc ayant fixé la circonférence de Rome, & ſachant que cela ne ſuffiſoit pas pour donner une idée de la ſurface,
employe encore ce moyen. Il ſuppoſe toutes les rues conduiſant de la Colonne aux
douze portes, miſes au bout l'une de l'autre
ſur une ſeule ligne, & que nous parcourons
cette ligne de maniere à compter ſucceſſive-

Le

Le nombre des Citoyens qui re-

---

ment les douze rues, dans lequel cas il dit
que toute la ligne eſt de 30775 pas ; ou en
d'autres mots, que chaque rue ou rayon du
demi-cercle eſt de deux milles & demi, &
que toute la longueur de Rome eſt de cinq
milles, & ſa largeur d'environ moitié autant, outre les Fauxbourgs épars.

Le P. HARDOUIN entend ce paſſage de la
même maniere, en ce qu'il eſt queſtion d'y
mettre les différentes rues de Rome ſur une
ligne pour faire 30775 pas ; mais il ſuppoſe
que les rues conduiſoient du Milliaire à chaque Porte, & qu'aucune rue n'excédoit 800
pas de longueur. Or un demi-cercle, dont
le rayon auroit été ſeulement de 800 pas,
n'auroit pas pû avoir une circonférence de
treize milles, qui eſt la meſure que Pline
donne à l'enceinte de Rome. Un rayon de
deux milles & demi forme bien près de cette
circonférence. Il y a une abſurdité à ſuppoſer une Ville bâtie de maniere que les rues
ſe rendent au centre de chaque Porte dans ſa
circonférence. D'ailleurs ſon explication diminue trop de la grandeur de l'ancienne

cevoient du blé par la distribu-

Rome, & réduit cette Ville au-dessous même de Bristol ou de Rotterdam.

Le sens que Vossius (*Observationes variæ*)
donne à ce passage de Pline, péche étran-
gement par l'autre extrême. Un Manuscrit
qui n'est d'aucune autorité, au-lieu de treize
milles fixe trente milles, pour l'étendue des
murs de Rome ; & Vossius l'entend seulement de la partie Curviligne de la circonférence, supposant que comme le Tibre formoit le diamétre, il n'y avoit pas de murs
de ce côté : mais on convient que cette
leçon est contraire à presque tous les Manuscrits. Pourquoi Pline, Ecrivain Contemporain, auroit-il répété la grandeur des murs
de Rome en deux passages successifs ? Pourquoi la répéter avec une variation si sensible.
Que voudroit dire Pline en parlant deux fois
du Milliaire, si la ligne mesurée n'avoit pas
été dépendante du Milliaire ? Vopiscus dit,
que les murs d'Aurélien ont été tirés *Laxiore
ambitu*, & qu'ils ont compris tous les bâtimens & Fauxbourgs du côté du Nord du
Tibre ; cependant son enceinte n'étoit que

tion publique du tems d'Augufte,

de cinquante milles, & les Critiques ne laif-
fent pas de foupçonner ici quelque erreur ou
corruption dans le Texte.

Il n'eft pas probable que Rome ait diminué depuis le tems d'Augufte à celui d'Aurélien ; elle demeura toûjours la Capitale du
même Empire, & dans ce long intervalle,
aucune des guerres civiles, excepté les tu-
multes à la mort de Maxime & de Balbin,
n'a jamais affecté la Ville. Aurélius Victor
dit que Rome a été augmentée par Caracalla.
Il n'y a point de refte d'anciens bâtimens qui
annoncent une pareille grandeur de Rome.
La Réplique de Voffius à cette objection paroît abfurde, que les décombres des bâtimens
feront à foixante ou foixante & dix piés fous
terre. Il paroît par Spartian (*in vitâ Severi*)
que la Pierre de cinq milles, *in via Lavi-
cana*, étoit hors de la Ville. Olympiodorus
& Publius Victor fixent le nombre des maifons de Rome entre quarante & cinquante
milles. L'extravagance même des conféquences que tire ce Critique, auffi-bien que
Lipfius, fi elles font néceffaires, détruifent

étoit de deux cens mille (*a*). Il sembleroit que sur ce fait on pourroit fonder un calcul assez certain,

---

les fondemens sur lesquels elles sont établies, que Rome contenoit quatorze millions d'Habitans , tandis que suivant son calcul, tout le Royaume de France n'en contient que cinq.

La seule objection, contre l'explication que j'ai donnée ci-dessus au passage de Pline , paroît consister en ce que Pline , après avoir parlé des trente-sept Portes de Rome, donne seulement une raison pour supprimer les sept anciennes, & ne dit rien des dix-huit Portes , dont les rues qui en venoient, se terminoient, à mon avis , avant que de parvenir au *Forum.* Mais comme Pline écrivoit pour les Romains , qui connoissoient parfaitement la disposition des rues, il n'est pas étrange qu'il ait pris pour accordée une circonstance qui étoit si familiere à tout le monde. Peut-être aussi que plusieurs de ces rues conduisoient à des Quais sur la Riviere.

(*a*) *Ex monument. Ancyr.*

mais il eſt accompagné de circonſtances qui nous rejettent dans le
doute & dans l'incertitude.

N'y avoit-il que les pauvres Citoyens qui reçuſſent la diſtribution ?
Il eſt ſûr qu'elle ſe faiſoit principalement en leur faveur. Mais il paroît par un paſſage de Cicéron (*a*),
que les Riches pouvoient auſſi prendre leur portion, & qu'on ne leur
faiſoit aucun reproche de la deman-
der.

A qui ce blé étoit-il donné ?
Etoit-ce ſeulement aux Chefs de
famille, ou bien à chaque Homme,
Femme & Enfant ? La portion chaque mois étoit pour chacun de
cinq de ces meſures, que les Romains appelloient *Modii* (environ
$\frac{5}{6}$ d'un Boiſſeau) ; c'étoit trop

(*a*) *Tuſc. Quæſt. Lib.* 3. *Cap.* 48.

peu pour une famille , & trop pour un particulier. Un très-exact Antiquaire (*a*) conclut donc que ce blé étoit donné à tout homme d'un âge fait ; mais il avoue que la chose est incertaine.

Recherchoit-on exactement si celui qui demandoit, demeuroit dans l'enceinte de Rome , ou suffisoit-il qu'il se présentât à la distribution qui se faisoit tous les mois , ce qui paroît plus probable (*b*) ?

(*a*) *Nicolaus Hortensius, de re frumentaria Rom.*

(*b*) Pour ne pas trop détourner les Peuples de leurs affaires , Auguste ordonna que la distribution de blé se fit seulement trois fois par an. Mais le Peuple trouvant la distribution par mois plus commode (comme conservant , je suppose , une économie plus réguliere dans leur famille) souhaita qu'on la rétablît. *Sueton. August. Cap.* 40. Si plusieurs du Peuple n'étoient venus de quelque

N'y avoit-il pas des gens qui demandoient fans avoir de droit ? Il eſt rapporté que Céſar en retrancha à la fois cent ſoixante & dix mille, qui s'étoient gliſſés ſans avoir de juſte titre, & il n'eſt guère probable qu'il ait remédié à tous les abus.

Mais enfin quelle proportion d'Eſclaves faut-il aſſigner à ces Citoyens ? C'eſt ce qu'il y a de plus important, & de plus incertain dans la queſtion. Il eſt fort douteux ſi l'on peut établir Athènes, comme une régle pour Rome. Peut-être que les Athéniens (a) avoient plus d'Eſclaves, parce qu'ils les employoient aux Manufactures, pour

diſtance pour recevoir leur blé, la précaution d'Auguſte auroit été ſuperflue.

(a) *Sueton. in Jul. Cap.* 41.

lefquelles une Ville Capitale , telle que Rome , ne paroît pas fi propre. Peut-être que de l'autre côté les Romains avoient plus d'Efclaves, à caufe de la fupériorité de leur luxe & de leurs richeffes.

On gardoit à Rome exactement les Liftes de mortalité : mais aucun ancien Auteur ne nous a donné le nombre des Enterremens , excepté Suétone (a), qui nous dit que dans une faifon il y eut trente mille noms portés au Temple de la Déeffe Lybitina : mais c'étoit durant la Pefte , ce qui fait que l'on n'en peut rien conclurre avec quelque certitude.

Le blé public , quoique diftribué feulement à deux cens mille Habi-tans , intéreffoit confidérablement

____

(a) *In vitâ Neronis.*

toute l'Agriculture d'Italie ; c'eſt un fait que l'on ne peut concilier qu'avec quelques exagérations modernes des Habitans de ce Pays.

Ce que je trouve de plus propre à établir quelque conjecture touchant la grandeur de l'ancienne Rome eſt ceci : Nous ſavons par Hérodien (a) qu'Antioche & Aléxandrie étoient peu inférieures à Rome. Il paroît par Diodore de Sicile (b), qu'une rue droite d'Aléxandrie allant d'un Port à l'autre, étoit longue de cinq milles, & comme Aléxandrie étoit beaucoup plus étendue en longueur qu'en largeur, elle paroît avoir été une Ville à peu près de la grandeur de

<hr>

(a) Sueton. Aug. Cap. 42.
(b) Lib. 17.

Paris (*a*), & Rome environ de celle de Londres.

(*a*) Quinte-Curſe dit que ſes murs n'avoient que dix milles de circonférence lorſqu'Aléxandre les fonda. Strabon, qui avoit voyagé à Aléxandrie, auſſi-bien que Diodore de Sicile, dit qu'elle avoit à peine quatre milles de longueur & dans la plûpart des endroits environ un mille de largeur, *Liv.* 17. Pline dit qu'elle reſſembloit un long vêtement Macédonien s'étendant par le bas, *Liv.* 5. *Cap.* 10. Nonobſtant cette grandeur d'Aléxandrie, qui paroît aſſez modérée, Diodore de Sicile parlant de ſon enceinte, telle qu'elle a été fixée par Aléxandre (& qu'elle n'a jamais excédée, comme nous l'apprenons d'Ammien Marcellin, *Lib.* 22. *Cap.* 16.) dit qu'elle étoit μεγεθει διαφεροντα, extrêmement grande, *Ibid.*

La raiſon pour laquelle, ſelon lui, elle ſurpaſſe toutes les autres Villes du monde (car il n'excepte pas Rome) eſt qu'elle contenoit trois cens mille Habitans libres. Il fait auſſi mention du revenu des Rois, à ſavoir, 6000, comme d'une circonſtan-

ce qui concourt à le prouver. Somme qui
à nos yeux n'eft pas fi confidérable, en y
comprenant même ce que la différence de
valeur d'argent peut exiger d'augmentation.
Ce que Strabon dit du pays voifin, fignifie
feulement qu'il étoit bien peuplé, οικυμενα
καλως. Ne pourroit-on pas avancer, fans
une grande hyperbole, que tous les bords
de la Tamife, depuis Gravefende jufqu'à
Windfor, font une Ville ? C'eft ce que
Strabon dit des bords du Lac Maréotis & du
Canal Canopus. C'eft une phrafe commune
en Italie que le Roi de Sardaigne n'a qu'une
Ville en Piémont ; car il eft tout une
Ville. Agrippa dans Jofeph, *de Bello Judaïc.*
Lib. 2. *Cap.* 16. pour faire comprendre l'ex-
ceffive grandeur d'Aléxandrie qu'il tâche
d'amplifier, décrit feulement l'enceinte de
la Cité, telle qu'elle a été tracée par Aléxandre ; ce qui prouve clairement que le
gros des Habitans logeoient dans la Ville,
& que la Campagne voifine n'étoit pas autre que ce que l'on doit naturellement attendre aux environs de toutes les grandes Vil-

le (*a*), il y avoit à Aléxandrie trois cens mille perſonnes libres, je ſuppoſe que c'eſt en y comprenant les Femmes & les Enfans (*b*). Mais quel pouvoit être le nombre des Eſclaves ? ſi nous avions quelque fondement raiſonnable pour les fixer à un nombre égal à celui des Habitans libres, cela favoriſeroit le calcul précédent.

Il y a un paſſage dans Hérodien qui eſt un peu ſurprenant ; il dit poſitivement que le Palais de l'Empereur étoit auſſi grand que le reſte de la Ville (*c*). Il s'agit ici de celui

---

les, c'eſt-à-dire, très-bien cultivée & bien peuplée.

(*a*) *Lib.* 7.

(*b*) Il dit, ελαθεροι & non πολιται, ce que l'on doit avoir entendu des Citoyens, hommes faits.

(*c*) *Lib.* 4. *Cap.* 1. πασης πολεως. Politien

de Néron qui , à la vérité, eſt re-
préſenté par Suétone (*a*) & par

---

l'interprete , *Ædibus majoribus etiam reli-
qua Urbe.*

(*a*) Il dit (*in Nerone* , Cap. 30.) qu'un
Portique , ou une place de ce Palais , avoit
trois mille piés de long : *Tanta laxitas ut
Porticus triplices milliarias haberet.* Ce paſſage ne peut ſignifier trois milles ; car toute
l'étendue du Palais , depuis le Mont Palatin
au Mont *Eſquilius* , n'étoit pas à beaucoup
près ſi grande. Ainſi lorſque *Vopiſcus* , *in
Aureliano* , parle d'un Portique dans les jardins de Salluſte , qu'il appelle *Porticus mil-
liarenſis* ; il faut entendre de mille piés.

De même dans Horace , Liv. 2. Ode XV.

>   . . . . . . *Nulla decempedis
Metata privatis opacam
Poſtibus excipiebat Arcton.*

Il dit auſſi Liv. 1. Satyre VIII.

> *Mille pedes in fronte , trecentos Cyppus in
agrum
Hic dabat.*

Pline (*a*), comme étant d'une énorme étendue; mais aucune imagination ne peut se prêter à concevoir qu'il ait eû aucune proportion avec une Ville telle que Londres.

Il est à remarquer que si l'Historien eût raconté les extravagances de Néron, & qu'il eût fait usage de cette expression, elle auroit eû beaucoup moins de poids, ces exagérations de Rhétorique se glissent insensiblement dans le style de l'Auteur, même le plus sage & le plus correct; mais Hérodien ne parle de ce Palais qu'en passant, en racontant les querelles entre Géta & Caracalla.

(*a*) Lib. 36. Cap. 15. *Bis vidimus urbem totam cingi domibus principum, Caii ac Neronis.*

Il paroît par le même Histo-rien (a) qu'il y avoit alors beau-coup de terre qui n'étoit point cultivée, & dont on ne tiroit au-cun usage ; il loue beaucoup Per-tinax d'avoir permis à chacun de s'emparer de pareilles terres & de les cultiver selon sa fantaisie sans payer aucune taxe. *Des terres sans culture & dont on ne tiroit aucun usage !* C'est ce qui est inoui dans aucun Pays de la Chrétienté , excepté peut-être en quelques parties éloignées de la Hongrie , comme j'en ai été infor-mé : ce fait assurément s'accorde très-mal avec l'idée dont on est si préoccupé, que l'Europe ancienne-ment étoit si prodigieusement peu-plée.

Nous apprenons par Vopiscus (b)

(a) *Lib.* 2. *Cap.* 15.
(b) *In Aurelian. Cap.* 48.

qu'il y avoit dans l'Etrurie beaucoup de terre fertile sans culture, que l'Empereur Aurélien avoit intention de convertir en vignes pour fournir au Peuple Romain une distribution gratuite de Vin, ce qui étoit l'expédient le plus propre pour dépeupler encore davantage cette Capitale & tous les territoires voisins.

Il n'est pas hors de propos de rappeller ici le compte que rend Polybe (*a*), des grands troupeaux de Cochons que l'on rencontroit dans la Toscane & dans la Lombardie, aussi-bien que dans la Grèce, & de la maniere de les nourrir qui étoit alors en usage. » Il y a, » dit-il, de grands troupeaux de » Cochons par toute l'Italie, & c'est

------

(*a*) *Lib.* 12. *Cap.* 8.

» particulierement

» particulierement dans l'Etrurie &
» dans la Gaule Cisalpine, qu'au-
» trefois il y en avoit le plus. Un
» troupeau contient mille Cochons
» ou plus : lorsqu'un de ces trou-
» peaux à la pâture en rencontre
» un autre, ils se mêlent ensemble,
» & les Pâtres qui les conduisent,
» n'ont point d'autre expédient
» pour les séparer, que d'aller à des
» quartiers différens où ils sonnent
» leurs cornets ; ces animaux étant
» accoutumés à ce signal, courent
» immédiatement chacun au cornet
» de son propre Conducteur. Au
» lieu que dans la Grèce, s'il arrive
» que des troupeaux de Cochons
» viennent à se mêler dans les fo-
» rêts, celui qui en a le plus grand
» nombre saisit adroitement cette
» occasion de les emmener tous. Et
» les voleurs sont très-attentifs à
» dérober les Cochons, qui en cher-

» chant de la pâture, se sont écar-
» tés à une grande distance du Pâtre
» qui les garde. «

Ne pourrions - nous pas inférer de ce récit, que le Nord de l'Italie étoit alors moins peuplé & plus mal cultivé qu'à présent. Comment ces nombreux troupeaux pouvoient-ils trouver de la pâture dans un Pays si cultivé, si fermé de haies, si divisé par fermes, enfin autant planté de vignes & de blés mêlés ensemble. Je suis obligé d'avouer que la description de Polibe a plus l'air de ce qui se passe dans nos Colonies Américaines, que des usages d'une Province Européene.

Nous trouvons une réflexion dans les Etiques d'Aristote (a), qui ce

***

(a) *Lib.* 9. *Cap.* 10. Son expression est ἄνθρωπος, & non πολίτης, Habitans & non Citoyens.

me semble, ne peut s'accorder avec aucune supposition, & qui en prouvant trop en faveur de notre raisonnement présent, peut passer réellement pour ne prouver rien. Ce Philosophe traitant de l'amitié, & observant que cette liaison ne doit ni être bornée à très peu, ni s'étendre à une grande multitude, explique son avis par l'argument suivant. » De la même maniere, » dit-il, qu'une Ville ne sauroit » subsister, si elle a aussi peu d'Ha- » bitans que dix, ou autant que » cent mille ; ainsi dans le nombre » des amis, on doit observer un » certain milieu, & l'on détruit » l'essence de l'amitié en donnant » dans un de ces deux extrêmes, « Quoi ! trouver impossible qu'une Ville puisse contenir cent mille Habitans ! Aristote n'avoit-il jamais vû ni entendu parler d'une Ville qui fût à peu près aussi peuplée ? J'avoue que ceci passe ma conception.

Pline (*a*) dit que Séleucie, le Siége de l'Empire Grec en Orient, passoit pour contenir six cens mille Habitans. Strabon (*b*) dit que Carthage en a contenu sept cens mille. Les Habitans de Pékin ne sont pas beaucoup plus nombreux, Londres, Paris & Constantinople, peuvent admettre à peu près le même calcul; du moins les deux dernieres Villes ne l'excédent pas †. Nous avons déja

____

(*a*) *Lib.* 6. *Cap.* 28.

(*b*) *Lib.* 17.

† Quoiqu'on fasse d'ordinaire monter le nombre des Habitans de Paris à huit cens mille personnes. M. Dupré de Saint-Maur estime qu'il est *au-dessous de six cens mille, en comptant même les Enfans qui viennent de naître.* Voyez Pages 58. & suivantes *de ses Réflexions sur le Rapport entre*

parlé de Rome, d'Aléxandrie & d'Antioche. A en juger par l'expérience des Siécles passés & présens, il y a une espéce d'impossibilité dans la nature des choses, qu'aucune Ville puisse jamais s'élever beaucoup au-dessus de cette proportion. Soit que le Commerce ou le Siége de l'Empire fassent la grandeur d'une Ville, il paroît y avoir des obstacles invincibles qui préviennent un accroissement plus considérable. Les Siéges des vastes Monarchies en in-

---

l'Argent & les Denrées, les probabilités sur lesquelles il fonde son opinion.

Cet Ouvrage est rempli de Recherches curieuses & de calculs très-exacts sur cette matiere ; & par-là peut être utile, non-seulement pour éclaircir plusieurs points de l'Antiquité, mais même pour le bon ordre des Finances. ESSAI SUR LES MONNOIES, *A Paris*, *chez* J. B. Coignard, 1746.

troduifant un luxe extravagant, des dépenfes irrégulieres, la pareffe, la dépendance, & de fauffes idées de rang & de fupériorité, ne font pas propres pour le Commerce. Lorfqu'une grande Cour entraîne la préfence d'une nobleffe nombreufe qui poffede de trop grandes fortunes; ceux d'un rang inférieur demeurent dans les Villes de Province où ils peuvent faire figure avec un revenu modique. Et fi les domaines d'un Etat parviennent à une grandeur énorme, il s'éleve néceffairement plufieurs Capitales dans les Provinces plus éloignées, où excepté quelques Courtifans, les Habitans du Pays fe raffemblent pour leur éducation, leur fortune & leur amufement (a)

____

(a) Telles étoient Aléxandrie, Antio-

Londres en uniſſant un Commerce très-étendu & un Empire aſſez médiocre, eſt peut-être parvenu à une grandeur qu'aucune Ville ne ſera en état de paſſer.

Choiſiſſez Douvres ou Calais pour un Centre; tracez un cercle dont le rayon ſoit de deux cens mille; vous comprendrez Londres, Paris, les Pays-Bas, les Provinces-Unies, & quelques-unes des Provinces de France & d'Angleterre les mieux cultivées. Je ne craindrai pas d'affirmer qu'on ne peut trouver dans l'Antiquité aucun eſpace de terrein de pareille étendue qui ait contenu autant de Villes grandes & peu-

———————————————————

che, Carthage, Epheſe, Lyon, ſous l'Empire Romain. Telles ſont à préſent Bourdeaux, Toulouſe, Dijon, Rennes, Rouen, Aix, &c. en France : Dublin, Edimbourg & Yorck dans la Grande-Bretagne.

plées, & fournies d'autant de ri-chesses & d'Habitans. La méthode de comparaison la plus sûre me paroît être de balancer dans les deux Périodes de tems, les Etats qui ont possédé le plus d'Arts, de connoissances & de politesse, & la meilleure forme de Gouvernement.

C'est une observation de l'Abbé Du Bos (a), que le climat d'Italie est à présent plus chaud qu'il ne l'étoit dans les tems anciens. » Il est » écrit, dit-il, dans les Annales de » Rome, que dans l'année 480. de » sa fondation, l'Hyver fut si rigou-» reux qu'il détruisit les arbres. Le » Tibre gela à Rome, & fut couvert » de neige pendant quarante jours. » Lorsque Juvenal (a) décrit une

____

(a) Vol. 2. Sect. 16.
(b) Satyre VI.

» femme

» femme superstitieuse , il la repré-
» sente cassant la glace du Tibre ,
» afin de pouvoir faire ses ablu-
» tions. «

Hybernum fracta glacie descendet in amnem,
Ter matutino Tyberi mergetur.

» Il parle de cette riviere gelée,
» comme d'un événement ordinai-
» re. Plusieurs passages d'Horace
» supposent les rues de Rome pleines
» de neige & de glace. Nous sau-
» rions mieux à quoi nous en tenir
» sur ce fait , si les Anciens eussent
» connu l'usage des Thermometres ;
» mais leurs Ecrivains, sans se l'être
» proposé , nous donnent des infor-
» mations suffisantes pour nous con-
» vaincre que les Hyvers sont à pré-
» sent plus tempérés à Rome qu'an-
» ciennement. Aujourd'hui, le Tibre
» ne gele pas plus à Rome que le
» Nil au Caire. Les Romains trou-

» vent un Hyver très-rigoureux si
» la neige reste deux jours sur la ter-
» re, & si l'on voit pendant vingt-
» quatre heures quelques petits gla-
» çons prendre à une fontaine qui
» est exposée au Nord. «

L'observation de cet ingénieux
Critique peut être appliquée aux
autres climats de l'Europe. Qui
pourroit découvrir le doux climat
de la France dans la description
que Diodore de Sicile (a) fait des
Gaules : » Comme c'est un climat
» septentrional, on y est incommo-
» dé du froid à un degré extrême.
» Dans les tems couverts, au lieu
» de pluie, il y tombe de grandes
» quantités de neige, & dans les
» tems clairs, il y gele si excessive-
» ment que les rivieres acquiérent

____

(a) Lib. 4.

» des Ponts de leur propre substan-
» ce, sur lesquels peuvent passer
» non - seulement les Voyageurs,
» mais de grosses Armées avec tout
» leur bagage & les chariots char-
» gés. Il y a plusieurs rivieres dans
» les Gaules, le Rhône, le Rhin,
» &c. presque toutes ces rivieres
» sont glacées, & il est ordinaire
» pour empêcher qu'on ne tombe
» en les passant, de couvrir la gla-
» ce de paille dans les endroits que
» le chemin traverse. «

Le Nord des Cévennes, dit Strabon (a) en parlant des Gaules,
ne produit ni Figues, ni Olives, &
les Vignes qui y ont été plantées
ne portent point de grapes qui puissent mûrir.

Ovide soûtient positivement avec

____

(a) Lib. 4.

X ij

tout le férieux d'une affirmation en
profe , que de fon tems le Pont
Euxin geloit tous les Hyvers ; & il
cite pour garans de la vérité , de
ce qu'il avance (a) les Gouverneurs Romains qu'il nomme. Cela
n'arrive jamais à préfent dans la latitude de Tomy , où Ovide étoit
relégué. Toutes les plaintes du même Poëte femblent annoncer une
rigueur dans les faifons qu'à peine
éprouve-t-on à préfent à Péterf-
bourg & à Stockolm.

Tournefort , un Provençal qui
a voyagé dans les mêmes Pays ,
remarque qu'il n'y a pas un plus
beau climat dans le monde , & il
affure qu'il ne pouvoit y avoir que
la mélancolie d'Ovide , qui lui en

(a) *Trift. Lib.* 3. *Eleg.* 9. *De Ponto. Lib.*
4. *Eleg.* 7. 9. & 10.

fit concevoir des idées si triftes ; mais les faits allégués par le Poëte font trop circonftanciés pour admettre une pareille interprétation.

Polybe (*a*) dit que le climat en Arcadie étoit très-froid & l'air humide.

L'Italie, dit Varron (*b*), eft le climat le plus tempéré de l'Europe. Les parties éloignées de la Mer (fans doute il veut parler des Gaules, de la Germanie & de la Pannonie) ont prefque un Hyver perpétuel.

Suivant Strabon (*c*), les parties feptentrionales d'Efpagne font affez peu habitées à caufe du grand froid.

En accordant donc que cette

______

(*a*) Lib. 4. Cap. 21.
(*b*) Lib. 1. Cap. 2.
(*c*) Lib. 3.

remarque est juste, que le climat de l'Europe est devenu plus chaud qu'il ne l'étoit anciennement ; comment en pouvons-nous rendre raison ? Je pense que le meilleur moyen, est de supposer que la terre est à présent beaucoup mieux cultivée, qu'on a éclairci les bois qui anciennement jettoient une ombre sur la terre, & qui empê-choient les rayons du Soleil de la pénétrer. Nos climats septentrio-naux dans l'Amérique deviennent plus tempérés à proportion qu'on y détruit plus de forêts (*a*) ; mais en

(*a*) Les climats chauds du Midi devien-nent aussi plus sains ; & il est à remarquer que dans les Histoires Espagnoles de la pre-miere découverte & conquête de ces Pays, ils paroissent avoir été très-sains, étant alors bien peuplés & bien cultivés. Il n'y est point parlé de maladie ou de diminution des pe-tites Armées de Cortès ou de Pizzarro.

général, chacun peut remarquer
que le froid se fait toûjours sentir beaucoup moins rigoureusement
& dans le Nord & dans le Sud de
l'Amérique, que dans les endroits
sous la même Latitude en Europe.

Sazerna cité par Columelle (a),
assure que la disposition des Cieux
avoit été altérée avant son tems,
& que l'air étoit devenu beaucoup
plus doux & plus chaud. Comme
il paroît, dit-il, par plusieurs endroits, qui à présent abondent
en Vignobles & en plantations d'Oliviers, qui anciennement à cause
de la rigueur du climat, ne pouvoient comporter aucune de ces
productions. Un pareil changement,
s'il est réel, est un signe évident

(a) Lib. 1. Cap. 1.

qu'avant le Siécle de Sazerna, ces Pays ont été mieux cultivés & plus peuplés (*a*) : si ce changement a continué jusqu'aux tems présens, c'est une preuve que ces avantages ont toûjours été en augmentant dans cette partie du Monde.

Il nous reste à jetter les yeux sur tous les Pays qui ont été la scène de l'Histoire Ancienne & Moderne ; comparons leur situation passée & présente. Nous ne trouverons peut - être pas lieu à ces plaintes générales du vuide présent & de la désolation du Monde. Maillet à qui nous devons la meilleure relation que nous ayons de l'Egypte, nous la représente comme extrêmement peuplée, quoiqu'il pense que

---

(*a*) Il paroît avoir vécu du tems de Scipion l'Africain le Jeune.

le nombre de ses Habitans soit diminué. J'avouerai que la Syrie, l'Asie Mineure, & la Côte de Barbarie, sont très-désertes en comparaison de leur ancienne condition. La dépopulation de la Grèce est aussi très-sensible ; mais il est permis de douter si le Pays que l'on appelle à présent Turquie en Europe, ne contient pas autant d'Habitans que du tems florissant de la Grèce.

Les Thraces paroissent avoir vécu comme les Tartares d'à présent, de pâturage & de pillage (*a*). Les Gètes étoient encore moins civilisés (*b*). Les Illyriens ne l'étoient pas davantage (*c*). Ces Peuples oc-

---

(*a*) Xénophon, *Lib.* 7. Polybe, *Liv.* 4. *Cap.* 45.

(*b*) *Ovid. passim, &c.* Strabon, *Lib.* 7.

(*c*) Polybe, *Lib.* 2. *Cap.* 12.

cupoient les neufs dixiémes de ce Pays ; & quoique la Police & le Gouvernement des Turcs ne soient pas fort favorables à l'industrie & à la propagation ; cependant ils entretiennent du moins la paix & l'ordre parmi les Habitans, & sont préférables à cette condition barbare, & incertaine dans laquelle les Anciens vivoient.

La Pologne & la Moscovie en Europe ne sont pas très-peuplées, mais le sont sûrement beaucoup plus que la Scithie & l'ancienne Sarmatie, où l'on n'avoit jamais entendu parler d'Agriculture, & où le pâturage étoit le seul Art qui fît subsister les Peuples. La même observation peut s'étendre au Dannemark & à la Suéde. Personne ne doit regarder comme une forte objection contre cette opinion, ces Essains immenses de Peuple qui an-

ciennement sortirent du Nord &
couvrirent toute l'Europe. Lorsque
le Corps entier, ou même la moitié
d'une Nation quitte son Pays, il est
aisé d'imaginer quelle prodigieuse
multitude d'hommes doivent mar-
cher ensemble, avec quel courage
& quelle fureur ils doivent attaquer, & combien la terreur qu'ils
inspirent aux Nations qu'ils envahissent augmentera dans des ima-
ginations effrayées, & la valeur &
le nombre de ces usurpateurs. L'E-
cosse n'est ni étendue ni peuplée ;
mais si la moitié de ses Habitans
avoient à chercher une nouvelle
habitation, ils formeroïent une Colonie aussi nombreuse que les Teu-
tons & les Cimbres, & ils ébranle-
roient toute l'Europe, en supposant qu'elle ne fût pas dans un meilleur état de défense qu'anciennement. L'Allemagne a sûrement à

préfent vingt fois plus d'Habitans
que dans les tems anciens, où ils
ne cultivoient pas la terre, & où
chaque Tribu s'eftimoit à proportion de l'étendue de la défolation
qu'elle répandoit autour d'elle,
comme nous l'apprenons de Céfar (*a*), de Tacite (*b*) & de Strabon (*c*). Ce qui prouve que la divifion en petites Républiques ne
rendra pas feule une Nation peuplée, à moins qu'il n'y régne en
même tems un efprit de paix, d'ordre & d'induftrie.

L'état barbare de l'Angleterre
dans les Anciens tems eft affez
connu, & il eft aifé de conjecturer
combien peu il y avoit d'Habitans,
foit par leur barbarie, foit par une

(*a*) *De Bello Gallico, Lib. 6.*
(*b*) *De Moribus Germ.*
(*c*) *Lib. 7.*

circonſtance dont Hérodien fait mention, c'eſt que toute l'Angleterre étoit marécageuſe, même du tems de Sévere, & après que les Romains y avoient été entierement établis pendant plus d'un Siécle.

On ne doit pas imaginer que les Gaulois fuſſent anciennement beaucoup plus avancés dans les Arts de la vie que leurs voiſins du Nord, puiſqu'ils voyageoient dans cette Iſle pour s'inſtruire dans les myſteres de la Religion & dans la Philoſophie des Druides (*a*). Je ne puis donc penser que les Gaules fuſſent à beaucoup près auſſi peu-

---

(*a*) Céſar, *de Bello Gallico*, *Lib.* 6. Strabon, *Lib.* 7. dit que les Gaulois n'étoient pas beaucoup plus avancés dans les Arts que les Germains.

plées que la France l'est à présent.

Il est vrai que si nous en croyons
& si nous en joignions ensemble le
témoignage d'Appien & celui de
Diodore de Sicile, il faudroit admettre un Peuple incroyable dans
les Gaules. Le premier Historien (a)
dit qu'il y avoit quatre cens Nations
dans ce Pays. Le second assure que
la plus grande des Nations Gauloi-
ses étoit de deux cens mille, outre
les femmes & les enfans, & la moindre de cinquante mille. En calculant donc & prenant un milieu,
il faudroit admettre près de deux
cens millions d'hommes dans un
Pays que nous trouvons peuplé à
présent, quoique selon la supposition commune, il n'y en ait guère

____

(a) Celt. Part. 1.

plus de vingt (*a*). L'extravagance de pareils calculs leur fait perdre toute autorité. Il eſt bon de remarquer ici que l'égalité de biens à laquelle on peut attribuer cette ſupériorité en nombre d'Habitans que l'on donne à la terre du tems des Anciens, n'étoit point connue dans les Gaules (*b*). Ajoûtons auſſi que leurs guerres inteſtines avant la conquête de Céſar, étoient perpétuelles (*c*). Strabon (*d*) obſerve que quoique toute la Gaule fût cultivée, elle ne l'étoit pourtant pas avec une ſorte d'induſtrie & de ſoin ; le génie des Habitans les portant moins aux Arts qu'aux

---

(*a*) L'ancienne Gaule n'étoit pas plus étendue que la France moderne.

(*b*) Céſar, *de Bello Gallico*, *Lib.* 6.

(*c*) *Id. ibid.*

(*d*) *Lib.* 4.

Armes, jusqu'à ce que l'Esclavage où les Romains les réduisirent, produisît la paix parmi eux.

César (a) entre dans un détail très-particulier des grandes forces qui furent levées dans le *Belgium*, pour s'opposer à ses conquêtes, & les fait monter à deux cens huit mille hommes, qui ne faisoient pourtant pas la totalité de ceux qui dans ce Pays étoient en état de porter les Armes : car le même His-torien nous dit que ceux qu'il appelle *Bellovaci*, auroient pû armer cent mille hommes, quoiqu'ils ne se fussent engagés que pour soixante. Ainsi en prenant le tout dans la même proportion de dix à six, le nombre des hommes en état de combatre dans tous les Etats du

___

(a) *De Bello Gallico*, *Lib.* 2.

Belgium,

Belgium, étoient au-deſſus d'un demi million , & tous les Habitans
deux millions. Et le *Belgium* étant
à peu près la quatriéme partie des
Gaules, ce Pays devoit contenir
huit millions, ce qui n'excéde pas
la troiſiéme partie de ſes Habitans
d'aujourd'hui (*a*).

─────────────────────────────

(*a*) Il paroît par les Commentaires de
Céſar, que les Gaulois n'avoient point d'Eſclaves domeſtiques : le gros du Peuple, à la
vérité , étoit en quelque ſorte Eſclave de la
Nobleſſe , comme le Peuple de Pologne
l'eſt aujourd'hui. Un Noble Gaulois avoit
quelquefois dix mille Cliens , ou Dépen-
dans de cette eſpéce , & nous ne pouvons
pas douter que les Armées ne fuſſent compoſées du Peuple, auſſi-bien que de la Nobleſſe. Une Armée de cent mille Nobles
d'un petit Etat , eſt quelque choſe d'incroyable. Les Soldats , parmi les Helvétiens ,
étoient la quatriéme partie des Habitans, une
preuve claire que tous les mâles d'âge à

Le Pays des anciens Helvétiens étoient de deux cens quarante milles en longueur, & de cent quatre-vingt en largeur, suivant César (*a*); cependant il ne contenoit que trois cens soixante mille Habitans. Le Canton de Berne seul en a autant à présent.

Après ce calcul d'Appien & de Diodore de Sicile, je ne sais si j'oserai dire que les Hollandois Modernes sont beaucoup plus nombreux que les anciens Bataves.

---

servir portoient les armes. Voyez César, *de Bello Gallico*, *Lib.* 1.

J'ajoûterai à cette Réflexion que dans les Commentaires de César, on peut compter davantage sur les nombres, que dans aucun autre ancien Auteur, à cause de la Traduction Grecque que nous avons encore, & qui sert à justifier l'original.

(*a*) *De Bello Gallico*, *Lib.* 1.

L'Espagne est déchue de ce qu'elle étoit il y a trois Siécles ; mais si
nous remontons à deux mille ans,
& si nous considérons l'état incertain & turbulent de ses Habitans,
en suivant les probabilités , nous ne
pouvons nous empêcher de penser
qu'elle est à présent beaucoup plus
peuplée. Plusieurs Espagnols se
tuoient eux - mêmes lorsque les
Romains (a) leur ôtoient leurs Armes. Il paroît par Plutarque (b)
que le vol & le pillage passoient
pour honorables parmi les Espagnols. Hirtius (c) donne la même
idée de ce Pays du tems de César ;
il dit que chaque homme pour sa
sûreté étoit obligé de vivre dans des
Châteaux ou dans des Villes mu-

(a) *Titi-Livii*, *Lib.* 34. *Cap.* 17.
(b) *In vitâ Marii.*
(c) *De Bello Hisp.*

rées. Ces défordres ne cefferent qu'après leur entiere conquête fous Augufte (*a*). Le Récit que Strabon (*b*) & Juftin (*c*) font de l'Efpagne , répond exactement à ceux que je viens de rapporter. De combien donc l'idée que nous avons de la maniere dont l'Antiquité étoit peuplée, doit elle diminuer ? Quand nous trouvons que Cicéron comparant l'Italie, l'Afrique, la Gaule, la Grèce & l'Efpagne, parle du grand nombre d'Habitans de ce dernier Pays , comme d'une circonftance particuliere qui le rendoit formidable (*d*).

(*a*) *Vell. Patercul. Lib.* 2. *Sect.* 90.

(*b*) *Lib.* 3.

(*c*) *Lib.* 44.

(*d*) *Nec numero Hifpanos , nec robore Gallos , nec calliditate Pœnos , nec artibus Græcos , nec denique hoc ipfo hujus Gentis*

Il est cependant probable que l'Italie a déchu ; mais combien de grandes Villes, ne contient-elle pas encore, Venise, Gènes, Pavie, Turin, Milan, Naples, Florence, Livourne, qui ne subsistoient pas dans les tems anciens, ou qui étoient alors très-peu considérables. Si nous réfléchissons à ceci, nous ne porterons pas, sur la matiere en question, les choses aux extrê-mes, où l'on a coûtume de les porter.

Lorsque les Auteurs Romains se plaignent que l'Italie, qui ancien-

---

ac terræ Domestico nativoque sensu, Italos ipsos ac Latinos . . . . superavimus. De Harusp. Resp. Cap. 9. Les désordres de l'Espagne paroissent avoir passé en Proverbes. *Nec impacatos à tergo horrebis Iberos. Virg. Georg. Lib. 3.* Les Iberes, par une figure poëtique sont pris ici simplement pour des Voleurs en général.

nement fourniſſoit du blé aux autres Pays, eſt devenue dépendante de toutes les Provinces pour ſon pain journalier, ils n'attribuent jamais ce changement à l'augmentation de ſes Habitans, mais à la négligence de l'Agriculture (*a*), ce qui étoit l'effet naturel de cette pernicieuſe pratique, de tirer le blé d'ailleurs pour le diſtribuer *gratis* parmi les Citoyens Romains, & qui ſera toûjours un très-mauvais moyen de multiplier les Habitans de quelque Pays que ce ſoit (*b*). Ces pré-

____

(*a*) *Varro, De Re Ruſtica, Lib. 2. Præf. Columella, Præf. Suetan. Auguſt. Cap.* 42.

(*b*) Quand on admettroit l'Obſervation de M. l'Abbé DU BOS, qu'il fait aujourd'hui plus chaud en Italie, que dans les anciens tems, il ne s'enſuit pas de-là néceſſairement qu'elle ſoit plus peuplée ou mieux cultivée. Si les autres Pays de l'Europe

fens dont Martial & Juvenal parlent tant, & que faisoient régulierement les grands Seigneurs à leurs
Cliens, doivent avoir eû le même
effet pour produire la paresse, la
débauche & une diminution continuelle parmi le Peuple.

Si j'avois à assigner une époque
où j'imagine que cette partie du
monde dût probablement contenir
plus d'Habitans qu'à présent, je
choisirois le Siécle de Trajan & des
Antoniens. La grande étendue de
l'Empire Romain étant alors civi-
lisée & cultivée, & une profonde
paix regnant & au dedans & au dehors parmi des Peuples qui vivoient
sous un même Gouvernement &

étoient alors plus sauvages & plus couverts
de bois, les vents froids qui en venoient
pouvoient affecter le climat d'Italie.

une même Police (*a*). Mais on

(*a*) Les Habitans de Marseille ne perdi-
rent leur grande supériorité sur les Gaulois,
dans le Commerce & dans les Arts méchaniques, que lorsque les Romains qui les
avoient conquis eurent détourné ceux-ci des
armes, pour les appliquer à l'Agriculture
& à la vie Civile. Voyez Strabon, *Liv.* 4.
Cet Auteur en plusieurs endroits répete
l'Observation touchant les avantages résul-
tans des Arts & de la politesse que l'on devoit aux Romains, & il vivoit dans le tems
où ce changement étoit encore nouveau &
devoit être plus sensible. Pline aussi en parle en cette sorte : *Quis enim non , commu-
nicato orbe terrarum , Majestate Romani Im-
perii , profecisse vitam putet , commercio rerum ac Societate festæ pacis , omniaque etiam
quæ occulta anteà fuerant , in promiscuo usu
facta,* Lib. 14. Proem. *Numine Deûm electa*
(parlant de l'Italie) *quæ cœlum ipsum cla-
rius faceret , sparsa congregaret Imperia ,
ritusque molliret , & tot populorum discordes
ferasque linguas sermonis commercio contra-
heret ad colloquia , & humanitatem homini*

nous

nous dit que tous les Gouverne-

---

daret ; breviterque una cunctarum gentium in toto orbe patria fieret. Lib. 2. Cap. 5. Il n'y a rien de plus fort à ce sujet que le paſſage ſuivant de Tertullien, qui vivoit du tems de Sévere. *Certè quidem ipſe orbis in promptu eſt , cultior de die & inſtructior priſtino. Omnia jam pervia , omnia nota , omnia negotioſa. Solitudines famoſas retro fundi amœniſſimi obliteraverunt ſilvas , arva domuerunt , feras pecora fugaverunt , arenæ feruntur , ſaxa panguntur , paludes eliquantur , tantæ urbes , quantæ non caſæ quondam. Jam nec Inſulæ horrent , nec ſcopuli terrent ; ubique domûs , ubique populus , ubique Reſpublica , ubique vita. Summum teſtimonium frequentiæ humanæ , oneroſi ſumus mundo , vix nobis elementa ſufficiunt ; & neceſſitates arctiores , & querelæ apud omnes , dum jam nos natura non ſuſtinet. De Anima , Cap. 30.* L'air de Rhétorique & de déclamation qu paroît dans ce paſſage, diminue quelque choſe de ſon autorité, mais ne la détruit pas entiérement. Un homme d'une imagination vive, tel que Tertullien, augmente

Tome II. Z

mens étendus, fpécialement ceux

***

toute chofe également, & c'eft pour cette
raifon que fes jugemens comparatifs, font
ceux fur lefquels on peut le plus compter.
On peut appliquer la même remarque au
paffage fuivant du Sophifte Ariflidès qui vivoit du tems d'Adrien : » Le Monde en-
» tier, dit-il, s'adreffant lui-même aux Ro-
» mains, paroit célébrer une Fête, & les
» hommes laiffant les épées qu'ils portoient
» anciennement, s'addonnent à préfent à la
» joie & aux plaifirs. Les Villes oubliant
» leurs anciennes querelles, n'ont plus que
» cette feule émulation, c'eft à qui d'entre
» elles s'embellira le plus par tous les orne-
» mens que l'on peut tirer des Arts. On
» voit s'élever par-tout des Théatres, des
» Amphithéatres, des Portiques, des Aqué-
» ducs, des Temples, des Ecoles, des
» Académies, & l'on peut affûrer avec vé-
» rité, que votre heureux Empire a relevé
» le Monde qui étoit entiérement tombé.
» Ce ne font pas les Villes feules qui ont
» reçu une augmentation d'ornement & de
» beauté, toute la Terre, comme un jar-

des Monarchies absolues sont con-

» din, est cultivée & ornée, tellement que
» les hommes qui sont placés hors des limi-
» tes de votre Empire (& qui sont en pe-
» tit nombre) paroissent mériter notre pitié
» & notre compassion. «

Il est remarquable que quoique Diodore
de Sicile ne fasse monter tous les Habitans
de l'Egypte, lors de la conquête des Romains, qu'à trois millions seulement ; cependant Joseph (*de Bello Judaïc. Lib.* 2.
Cap. 16.) dit que sous le Regne de Néron,
il y avoit sept millions & demi d'Habitans,
sans y comprendre ceux d'Aléxandrie, & il
dit expressément qu'il a extrait ses calculs
des Regiftres des Officiers Romains qui le-
voient la Capitation. Strabon (*Lib.* 17.)
éleve la supériorité de la Police des Romains, à l'égard du Gouvernement des Finances de l'Egypte, au-deflus de celle de
fes anciens Monarques, & en effet aucune
partie d'administration n'est plus essentielle
au bonheur des Peuples. Cependant dans
Athénée, qui a fleuri sous le Regne des An-
tonins, nous lisons (*Lib.* 1. *Cap.* 25.) que

traires à la propagation de l'espéce humaine, & contiennent un vice secret ou poison qui détruit l'effet de toutes ces belles apparences (*a*). Pour confirmer ceci, on cite un passage de Plutarque (*b*) assez singulier, & que nous allons examiner ici.

---

la Ville de Maréja, près d'Aléxandrie, qui étoit anciennement une très-grande Cité n'étoit plus qu'un Village : ceci, à proprement parler, n'est pourtant pas une contradiction. Suidas (*August.*) dit que l'Empereur Auguste ayant fait faire le dénombrement de tout l'Empire Romain, a trouvé qu'il ne contenoit que 4101017 hommes (ανδρες). Il y a sûrement quelque grande erreur ou dans l'Auteur, ou dans le Copiste ; mais cette autorité , quelque foible qu'elle soit, peut suffire pour balancer les calculs exagérés d'Hérodote & de Diodore de Sicile à l'égard des tems les plus anciens.

(*a*) L'Esprit des Loix, *Liv.* 23. *Chap.* 19.
(*b*) *De Orat. defectu.*

L'Auteur tâchant de rendre compte du silence de plusieurs des Oracles, dit qu'on peut l'attribuer à la désolation présente du Monde, qui est le fruit des guerres & des factions d'autrefois ; il ajoûte que la Grèce a encore plus souffert que les autres Pays de cette calamité commune ; tellement qu'alors à peine pouvoit-elle fournir trois mille guerriers, que la seule Ville de Mégare auroit mis sur pié dans le tems de la guerre des Médes. Ainsi les Dieux qui affectionnent les Ouvrages de dignité & d'importance, ont supprimé plusieurs de leurs Oracles, & ne daignent pas employer tant d'interpretes de leurs volontés pour un Peuple devenu si peu considérable.

Je dois avouer que ce passage a tant de difficultés que je ne sais qu'en faire. Vous voyez que Plutarque attribue la décadence du Genre humain, non à la domination étendue des Romains, mais aux guerres & aux factions anciennes de plusieurs Nations, qui avoient toutes été terminées par les armes des Romains. Le raisonnement de Plutarque est donc directement contraire aux conséquences qui se tirent du fait qu'il avance.

Polybe suppose que la Grèce devint plus heureuse & plus florissante après s'être soumise au joug des Romains (*a*) ; & quoique cet His-

----

(*a*) *Liv.* 2. *Chap.* 62. On pourroit peut-être imaginer que Polybe, étant dépendant de Rome, a pû exalter le Gouvernement Romain. Mais, premierement, quoiqu'il laisse quelquefois appercevoir sa prudence, on ne découvre chez lui aucun symptôme de flatterie. Secondement, cette opinion n'est ici qu'un simple trait qui lui échappe

torien ait écrit avant que ces Conqué-
rans aient dégénéré, au point
de devenir les Destructeurs du Genre humain dont ils avoient été les
Protecteurs ; cependant comme
nous apprenons par Tacite, que la
sévérité des Empereurs corrigea dans
la suite la licence des Gouverneurs,
nous n'avons pas lieu de croire cette Monarchie si étendue aussi destructive qu'on a coûtume de nous la
représenter.

Strabon nous apprend que les
Romains par égard pour les Grecs
avoient conservé jusqu'à son tems
la plûpart des priviléges & des

en passant, tandis qu'il traite une autre matiere, & l'on convient que si la sincérité
d'un Auteur est suspecte, ces propositions
obliques découvrent mieux ses véritables
sentimens, que ses assertions plus formelles
& plus directes.

Z iiij

libertés de cette célebre Nation, Néron ensuite les augmenta encore plutôt que de les diminuer (a). Comment donc pouvons - nous imaginer que le joug des Romains étoit si fatiguant pour cette partie du monde ? L'oppression des Proconsuls étoit arrêtée, & les Magistratures dans la Grèce étant toutes données dans les différentes Villes par les suffrages libres du Peuple, les Compétiteurs ne se trouvoient pas dans la nécessité de les solliciter à la Cour des Empereurs. Si grand nombre d'entre eux alloient chercher fortune à Rome & s'avançoient eux-mêmes par le savoir, l'éloquence & les Arts qui étoient particuliers à leur Pays, plusieurs

---

(a) *Plutarch. de his qui sero à numine puniuntur.*

auſſi y retournoient avec les fortunes qu'ils avoient faites, & par-là enrichiſſoient les Républiques Grecques.

Mais Plutarque dit que la dépopulation générale a été ſentie plus fortement dans la Grèce que partout ailleurs. Comment concilier ce fait avec la ſupériorité qu'elle avoit par ſes priviléges & ſes avantages.

D'ailleurs, ce paſſage en prouvant trop réellement, ne prouve rien. *Seulement trois mille hommes en état de porter les Armes dans toute la Grèce* ! Quel moyen d'admettre une ſi étrange propoſition ! Spécialement ſi nous conſidérons le grand nombre de Villes Grecques dont les noms ſe trouvent encore dans l'Hiſtoire, & dont des Ecrivains qui ont vécu long-tems après le Siécle de Plutarque font mention ? Il y a fûrement dix fois plus de Peuple à préfent, quoiqu'il y refte à peine une Ville, dans tout ce qui compofoit l'ancienne Grèce. Ce Pays eft encore paffablement cultivé, & fournit un fupplément fûr de blé dans le cas de quelque difette en Efpagne, en Italie ou dans le Midi de France.

Il faut remarquer que l'ancienne frugalité des Grecs, & leur égalité de biens fubfiftoient encore au Siécle de Plutarque, comme il paroît par Lucien (a); & il n'y a pas lieu d'imaginer que ce Pays fût poffédé par quelques Maîtres & un grand nombre d'Efclaves.

Il eft probable, à la vérité, que la difcipline militaire étant entierement inutile, fut extrêmement né-

____

(a) *De mercede conductis.*

gligée dans la Grèce après l'établissement de l'Empire Romain ; dans
le cas où ces Républiques autrefois
si guerrieres & si ambitieufes , auroient entretenu chacune une Garde de Ville pour prévenir les désordres de la populace , c'eft tout
ce dont elles avoient besoin :
c'eft peut-être cette sorte de Soldats qui dans toute la Grèce ne
montoit pas à trois mille hommes.
J'avoue que si c'eft là ce que Plutarque a eu en vûe , on peut lui
reprocher ici un Paralogifme grof-
sier , c'eft d'affigner des caufes qui
ne font en aucune maniere propor-
tionnées aux effets. Mais eft-ce un
si grand prodige qu'un Auteur tombe dans une erreur de cette efpéce (*a*)?

____

(*a*) Il faut avouer que le Difcours de

Cependant quelque autorité que

Plutarque, fur le filence des Oracles, eft
en général d'une tournure fi étrange, & ref-
femble fi peu à fes autres productions, qu'on
ne fait quel jugement on en doit porter.
Il eft écrit en forme de Dialogue, efpéce de
compofition que Plutarque affecte affez peu.
Les Perfonnages qu'il introduit avancent
des opinions étranges, abfurdes & contradictoires, qui reffemblent plus aux fyftèmes
vifionnaires de Platon, qu'au bon fens de
Plutarque. Il regne auffi dans le tout un air
de fuperftition & de crédulité, qui ne tient
en rien de l'efprit que l'on trouve dans les
autres Ouvrages philofophiques de cet Auteur. Car il eft à remarquer que quoique
Plutarque foit un Hiftorien auffi fuperftitieux
qu'Hérodote & que Tite-Live, cependant
il y a à peine dans toute l'Antiquité un Philofophe moins fuperftitieux, fi on en excepte Cicéron & Lucien. Je dois donc
avouer qu'un paffage de Plutarque, extrait
de ce Difcours, a beaucoup moins d'autorité
pour moi, que s'il étoit tiré de fes autres
Ouvrages.

ce passage puisse conserver, nous

Il n'y a qu'un autre Discours de Plutarque, qui puisse être sujet aux mêmes objections, à savoir, le Discours touchant ceux dont la punition est différée par les Dieux. Il est aussi écrit en forme de Dialogue, & est rempli de superstitions & de visions étranges. Il paroît que l'Auteur en le composant, a voulu en quelque sorte se faire le rival de Platon, particulierement dans son dernier Livre de la République.

Je ne puis m'empêcher d'observer ici que M. DE FONTENELLE, un Ecrivain remarquable pour sa candeur, paroît s'être un peu écarté de son caractère ordinaire, lorsqu'il tâche de jetter du ridicule sur Plutarque, au sujet des passages que l'on trouve dans ce Dialogue sur les Oracles. On ne doit pas attribuer à Plutarque les absurdités qu'il met ici dans la bouche des différens Personnages, attendu que l'un réfute l'autre, & qu'en général il paroît vouloir rendre ridicules ces opinions mêmes, que M. DE FONTENELLE le trouve ridicule de soûtenir.

tâcherons de la contrebalancer par un paſſage auſſi remarquable de Diodore de Sicile, où l'Hiſtorien après avoir dit que l'Armée de Ninus étoit d'un million ſept cens mille hommes d'Infanterie, & de deux cens mille de Cavalerie, tâche de prouver que ce fait eſt croyable par quelques faits poſtérieurs, & ajoûte que nous ne devons pas juger de la quantité d'hommes, qui couvroient anciennement la terre par le vuide préſent, & la dépopulation qui eſt répandue ſur toute la ſurface de cette terre (*a*). Ainſi un Auteur qui vivoit dans le ſiécle même de l'Antiquité (*b*), où l'on prétend que la terre étoit le plus peuplée, ſe plaint de la déſolation qui

---

(*a*) Lib. 2.

(*b*) Il étoit Contemporain de Céſar & d'Auguſte.

prévaloit alors, donne la préférence
aux premiers tems, & a recours à
d'anciennes Fables pour établir son
opinion. L'envie le blâmer le présent & d'admirer le passé est fortement enracinée dans l'esprit des
hommes ; elle influe sur ceux même
qui ont le plus de savoir & le meilleur jugement.

DISCOURS XI.

De la Succession Protestante.

JE suppose qu'un Membre du Parlement, sous le Regne du Roi Guillaume I. ou de la Reine Anne, lorsque l'établissement de la Succession Protestante étoit encore incertain, eût à délibérer sur le parti qu'il devroit prendre dans cette importante question, & voulût peser avec impartialité les avantages & les désavantages de chaque côté. Je crois qu'il ne manqueroit pas de faire les Réflexions suivantes.

Il appercevroit aisément les grands avantages qui résulteroient de la restauration de la famille des Stuarts, par laquelle on conserveroit la succession claire & sans dis-

puta

pute de la part d'un Prétendant, armé d'un titre aussi spécieux que celui du sang, qui avec la multitude est toûjours le droit le plus fort & le plus aisé à comprendre. Il est inutile de dire, comme plusieurs ont fait, que la question à l'égard des *Gouverneurs*, indépendans du *Gouvernement*, est frivole, & ne mérite pas qu'on dispute, & bien moins encore qu'on prenne les Armes à ce sujet. La généralité des hommes n'adoptera jamais ces sentimens, & il est, je crois, beaucoup plus heureux pour la Société qu'ils ne soient pas admis, & que les hommes conservent leurs préjugés naturels. Comment un Gouvernement Monarchique (qui, bien que peut-être il ne soit pas le meilleur †, est

---

† Le même Auteur convient ailleurs que

pourtant & a toûjours été le plus commun de tous) pourroit-il être stable si les hommes n'avoient pas cet extrême attachement pour le véritable héritier de leur famille Royale, qui fait que malgré la foiblesse de son entendement, ou l'in-

---

quoique dans ces derniers tems les différentes espéces de Gouvernement aient fait de grands progrès du côté de la perfection, aucune cependant n'en a fait dans son genre d'aussi considérables que le Gouvernement Monarchique. » On peut, dit-il, assûrer à » présent des Monarchies civilisées, ce qui » a été dit anciennement à la Louange des » seules Républiques : *Que ce sont les Loix* » *qui gouvernent, & non les Hommes.* Elles » se trouvent susceptibles d'Ordre, de Mé-» thode & de Constance à un degré éton-» nant. La Propriété des biens est assûrée à » chacun ; l'Industrie est encouragée ; les » Arts fleurissent, & le Prince vit en sûreté » parmi ses Sujets, comme un Pere au mi-» lieu de ses Enfans, &c. «

firmité de ſes années, ils luî donnent une ſi grande préférence au
deſſus des perſonnes les plus remarquables par leurs talens, ou les plus
célébres par leurs grandes actions ?
Sans cela tout homme qui auroit
du crédit ſur le Peuple ne feroit-il
pas valoir ſon droit à chaque va-
cance du Thrône, & même ſans
attendre qu'il fût vacant, & le
Royaume ne deviendroit-il pas par-
là le théatre des guerres perpétuelles ?

A cet égard, la condition de
l'Empire Romain n'étoit pas ſûrement à envier non plus que celle
des Nations Orientales, qui ont
quelque reſpect pour le titre de
leurs Souverains, mais qui les ſacri-
fient chaque jour au caprice ou à
l'humeur momentanée du Peuple
ou des Soldats. C'eſt une ſageſſe
folle que celle que l'on emploie ſi

artiſtement à rabaiſſer les Princes,
& à les mettre ſur le même niveau
avec ce que le Genre humain a de
plus bas. Certainement un Anato-
miſte ne trouve pas davantage dans
le plus grand Monarque que dans
un Payſan ou dans un Manœuvre :
un Philoſophe moral peut ſouvent y
trouver encore moins. Mais à quoi
tendent toutes ces réfléxions ? Tous
tant que nous ſommes , nous con-
ſervons toûjours ces préjugés en
faveur de la naiſſance & des familles , & ni dans nos occupations
ſérieuſes , ni dans nos amuſemens
les moins réfléchis , nous ne pouvons entierement nous en délivrer.
Une Tragédie † qui nous repréſen-

---

† M. HUME qui juge ſi ſainement des
matieres politiques , paroît n'avoir pas un
goût moins ſûr dans les choſes de pur agré-
ment : beaucoup d'Auteurs Anglois, qui s'en

teroit des aventures de Matelots,

font uniquement occupés, ne conviendroient pas de la fageſſe de cette Réflexion. Rien n'eſt ſi commun ſur le Théatre de Londres, que d'y voir dans la Tragédie la Scene occupée par des hommes de la lie du Peuple, tels que les *Savetiers* & les *Foſſoyeurs* de Shakeſpeare. Dans pluſieurs des Tragédies modernes qui ont le plus réuſſi, des Gentilshommes & de ſimples Bourgeois indifféremment en ſont les Héros. La *Belle Pénitente*, l'*Innocent Adultere* & *Veniſe ſauvée*, dont nous avons des Traductions dans notre Langue, en ſont la preuve. Avec quel étonnement le Public n'a-t-il pas vû notre Théatre en quelque ſorte deshonoré par la Repréſentation de cette derniere Tragédie? Il eſt vrai qu'il l'avoit déja été par la Piéce de *Cartouche*, Ouvrage ſcandaleux d'un Comédien peu difficile ſur les Mœurs. La Police n'auroit jamais dû laiſſer paroître ſur la Scene une pareille Piéce. Le Théatre eſt fait pour corriger les paſſions ou les ridicules: ce n'eſt que par les ſupplices que l'on peut punir les crimes des Voleurs. Il y a

de Porteurs de chaife, ou même de fimples Gentilshommes, nous dégoûteroit tout d'abord ; mais celui

---

plus d'une Tragédie Angloife où ils jouent des rôles confidérables. Dans le *Marchand de Londres*, dont nous avons auffi la Traduction, le Héros eft un Garçon Marchand, qui vole celui chez qui il fait fon apprentiffage ; enfuite affaffine fon oncle, & qui pour ces crimes eft pendu au cinquiéme Acte. Ce qui étonne le plus la raifon, & prouve davantage la force des préjugés, eft que quels que foient les défauts & les indécences du Théatre Anglois, il n'y en a point que des Auteurs qui d'ailleurs ont de l'efprit, n'entreprennent de juftifier.

Je renvoie ceux qui feront curieux d'en avoir des preuves à un petit Ouvrage intitulé en Anglois : *An Effay upon English Tragedy, with Remarks upon the Abbé* L e B l a n c's , *Obfervations on the English Stage , By William Guthrie , Efq* ; London 1747. & à la Réponfe que l'Auteur François y a faite dans la Préface de la nouvelle Edition de fes Lettres.

qui introduit des Rois & des Princes, acquiert à nos yeux un air d'importance & de dignité. Quand même un homme par une fageffe fupérieure feroit capable de fe mettre entierement au deffus de femblables préjugés, la même fageffe l'y feroit bientôt revenir de lui-même pour l'amour de la Société, dont il verroit que le bien eft lié intimement à ces mêmes idées. Bien loin de chercher à détromper le Peuple à cet égard, il fe plairoit à entretenir ces fentimens de révérence pour leur Prince, comme néceffaires pour conferver dans la Société une jufte fubordination. Quoique fouvent les vies de vingt mille hommes foient facrifiées pour maintenir un Roi en poffeffion de fon Thrône, ou pour empêcher que le droit de fucceffion ne foit violé, cette perte ne lui caufe aucune indignation, fous prétexte que chaque Individu de ceux qui auront péri, étoit peut-être en lui-même aufli eftimable que le Prince qu'il fervoit. Il confidére les conféquences de violer le droit héréditaire des Rois, dont les funeftes effets peuvent fe faire fentir pendant plufieurs Siécles ; tandis que la perte de quelques milliers d'hommes †

---

† Cette Réflexion n'a pas befoin d'être appuyée par des faits ; l'Hiftoire de tous les Pays, celle d'Angleterre fur - tout, n'en fournit que trop d'exemples. M. Hume remarque ailleurs très-judicieufement, que lorfque les Hommes font animés par l'efprit de parti, ils font capables, fans éprouver ni honte, ni remords, de négliger tous les liens de l'honneur & toutes les Loix de la Morale pour fervir leur parti ; & que cependant lorfqu'un Parti eft formé fur un point de droit, il n'y a point d'occafion où les Hommes témoignent une plus grande obfti-

apporte

apporte fi peu de préjudice à un grand Royaume, que quelques années après on peut ne s'en pas appercevoir.

Les avantages de la fucceffion dans la branche de la Maifon d'Hanovre, font d'une nature oppofée; ils viennent de cette circonftance même que l'Acte qui a décidé en faveur de cette famille, viole le droit héréditaire, & place fur le Thrône un Prince à qui la naiffance n'avoit pas donné un titre à cette dignité. Il eft évident à quiconque fait attention à l'Hiftoire de cette Ifle, que les priviléges du Peuple pendant les deux derniers Siécles, ont toûjours été en augmentant par le partage des biens

---

nation & un fentiment plus déterminé de juftice & d'équité.

Des Principes du Gouvernement, Effai V.

d'Eglife, par les aliénations des terres des Barons, par le progrès du
Commerce, & fur-tout par le bonheur de notre fituation, qui pendant long-tems a fuffi à notre fûreté fans aucune armée fur pié, fans
aucun établiffement militaire. Au
contraire, la liberté publique dans
prefque toutes les autres Nations de
l'Europe a toûjours été en déclinant
pendant le même tems : les Peuples
étant rebutés des duretés de l'ancienne Milice Gothique, & ayant
mieux aimé confier à leur Prince des
Armées mercénaires qu'il a aifément
tournées contre eux - mêmes. Il
n'eft donc pas extraordinaire que
quelques-uns de nos Souverains
Anglois fe foient trompés fur la nature de notre Conftitution, & le
génie de notre Nation ; comme ils
s'autorifoient de tous les exemples
favorables que leurs Ancêtres leur

avoient laissés, ils ne faisoient aucune attention à ceux qui leur étoient contraires , & qui suppofoient des bornes dans notre Gouvernement. Ils étoient entretenus dans cette erreur par l'exemple de tous les Princes voisins , qui portant le même titre , & étant décorés des mêmes marques d'autorité , les ont conduits naturellement à prétendre la même puissance & les mêmes prérogatives (a). La

---

(a) Il paroît par les Discours & par toute la suite des actions de Jacques I. & de son Fils, qu'ils regardoient le Gouvernement Anglois, comme une simple Monarchie, & qu'ils n'ont jamais imaginé qu'une partie considérable de leurs Sujets en avoient une idée toute contraire. C'est ce qui fit qu'ils déclarerent leurs prétentions, sans avoir préparé aucune force pour les soûtenir, & même sans les déguisemens qu'employoient toû-

flatterie des Courtisans les aveugla

jours ceux qui tâchent d'innover quelque chose dans un Gouvernement. Le Roi Jacques dit
clairement à son Parlement qui vouloit connoître des affaires de l'Etat : *Ne Sutor ultra
crepidam.* A Table & dans la conversation
familiere, il avoit coûtume de faire connoître ses sentimens d'une maniere encore
moins déguisée , s'il est possible, comme
nous l'apprenons d'une Histoire écrite dans
la Vie de M. WALLER, & que ce Poëte
avoit habitude de répéter souvent. Lorsque
M. WALLER étoit jeune il eut la curiosité d'aller à la Cour ; il se tint dans le
Cercle, & vit le Roi Jacques dîner. Parmi
les Seigneurs qui étoient à sa Table , il y
avoit deux Evêques. Le Roi ouvertement &
à haute voix proposa cette question : *S'il ne
pouvoit pas prendre l'argent de ses Sujets ,
quand il en avoit besoin, sans toute cette for-
malité du Parlement.* L'un des Evêques ré-
pondit à l'instant : *A Dieu ne plaise que
vous ne le pussiez pas ; car vous êtes le souffle
de nos narines.* L'autre Evêque cherchoit à
ne pas répondre , & dit : *Qu'il n'étoit pas*

encore davantage, & par-deffus tout,

---

affez inftruit des matieres de la Compétence du Parlement. Mais le Roi le preffant & ne voulant admettre aucune défaite, le Prélat répliqua affez plaifamment : *Je crois en effet que Votre Majefté peut prendre légitimement l'argent de mon Frere, car il l'offre.* Dans la Préface de l'Hiftoire du Monde de Sir WALTER RALEIGH, il y a ce paffage remarquable : *Philippe II. à main armée & par la force entreprit de fe rendre Maître des Pays - Bas, non - feulement comme un Maître abfolu, tel que les Rois & Souverains d'Angleterre & de France ; mais à la maniere du Turc, pour fouler aux pieds toutes leurs Loix naturelles & fondamentales, tous leurs priviléges & leurs anciens droits.* Spencer, en parlant de quelques conceffions des Rois d'Angleterre à des Communautés Irlandoifes, dit : » Quoiqu'au tems de ces premie-
» res conceffions elles fuffent fupportables,
» & peut - être raifonnables, elles font à
» préfent devenues tout le contraire : mais
» elles feront bientôt annullées par la puif-
» fance fupérieure des Prérogatives de Sa

celle du Clergé, qui par plusieurs passages de l'Ecriture auxquels ils donnoient un sens forcé, avoient fabriqué un systême régulier , & avoué de tyrannie & de pouvoir despotique †. La seule méthode

---

» Majesté , contre laquelle on ne peut pas » s'autoriser de ses propres concessions. «

L'Etat d'Irlande , pag. 1537. *édition de* 1726.

Ces idées étoient très-communes, quoiqu'elles ne fussent peut-être pas les notions universelles de ces tems-là. Ainsi les deux premiers Princes de la Maison de Stuart en étoient d'autant plus excusables dans leur erreur, & Rapin , le plus judicieux des Historiens , paroît quelquefois les traiter avec trop de sévérité à raison de ces opinions.

† Ce même Sir WALTER RALEIGH, dont il est parlé dans la Note précédente , & qui dans son *Histoire du Monde* , reconnoît en termes si clairs le pouvoir absolu des Rois d'Angleterre , donnoit du moins en même tems aux Princes les Conseils les

de détruire à la fois ces pré-

---

plus fages, fur l'ufage qu'ils en devoient faire ; il nous refte de lui une Lettre qui fuffiroit feule pour confacrer fa mémoire, & qui a également pour objet le bonheur des Peuples & la gloire des Souverains, elle eft écrite au Fils de Jacques I. le Prince Henri, qui, fi l'on en croit fa réputation, eft mort trop tôt pour les Anglois, & qu'ils ont pleuré comme les Romains pleurerent Germanicus. Le Lecteur me faura peut-être gré de lui en donner la Traduction.

Sir *WALTER RALEIGH* au *Prince* HENRI.

» La Lettre fuivante vous eft adreffée par
» un Homme qui fait plus de cas de fa Li-
» berté, & d'une très-petite fortune dans le
» lieu de cette Ifle le plus écarté, fous la
» Conftitution préfente de l'Etat, que de
» tous les honneurs & de toutes les richeffes
» dont on peut jouir, fous quelque autre
» Gouvernement que ce foit. Vous voyez,
» MONSEIGNEUR, avec les nouvelles

tentions exorbitantes, étoit de fe

———————————

» expreffions, les nouvelles Doctrines qui
» fe répandent dans le monde : on affecte
» d'appeller votre Royal Pere le Vice-
» Gérent de Dieu, ce que des Hommes per-
» vers ont tourné au deshonneur de Dieu,
» & au défavantage de Sa Majefté, dont ils
» voudroient altérer la bonté naturelle. Ils
» attachent la Vice-Gérence à l'idée de
» Toute-puiffance, & non à celle de Bonté
» qui en Dieu n'eft pas moins infinie. La
» fageffe de Sa Majefté, nous devons l'efpé-
» rer, le garantira des piéges qui peuvent
» être couverts fous de fi groffieres adula-
» tions : mais votre jeuneffe & la foif de la
» louange que j'ai remarquée en vous, peu-
» vent vous égarer, & vous induire à écou-
» ter ces lâches flatteurs qui corromproient
» votre heureux naturel & vous porteroient
» à la tyrannie. O mon Prince, gardez-
» vous d'eux, & fermez l'oreille à leurs
» dangereufes impoftures ! Vous devez héri-
» ter d'un Thrône, d'où on ne peut vous
» imputer aucun mal, & d'où tout le bien
» doit être fait par vous. Votre Pere eft le

détacher de la véritable ligne hé-

» Vice-Gérent de Dieu : tandis qu'il eſt
» juſte, il eſt le Vice-Gérent de Dieu. De
» la ſource du bien, un Homme peut-il
» dériver le droit de faire du mal ? Non,
» mon Prince, c'eſt à des eſprits mépriſa-
» bles & dépravés à ſe plaindre que leur au-
» torité eſt bornée, parce qu'il ne leur eſt
» pas permis de faire des injuſtices. Si ce
» manque de puiſſance pour faire le mal eſt
» une incapacité dans un Prince, diſons-le
» avec reſpeſt, c'eſt une impuiſſance qu'il
» partage avec la Divinité même. «

» Permettez-moi de ne pas douter que
» tous les ſyſtèmes, qui ne tendent pas éga-
» lement au bonheur mutuel du Prince &
» du Peuple, ne paroiſſent auſſi abſurdes à
» votre entendement que contraires à votre
» heureux naturel. Combattez vous-même,
» ô généreux Prince, contre les Enne-
» mis du Genre humain, pour la cauſe glo-
» rieuſe de la Liberté. Prenez une ambition
» digne de vous, pour garantir des Créatu-
» res, vos ſemblables, d'un indigne Eſcla-
» vage, d'une condition autant au-deſſous de

réditaire, & de choisir un Prince

» celle des Bêtes, qu'il est moins misérable
» d'agir sans raison, que d'agir contre la
» raison. Assûrez à vos futurs Sujets le droit
» divin d'être des Agens libres, & à votre
» Maison Royale le droit divin d'être leurs
» Bienfaiteurs. Croyez-moi, mon Prince,
» aucun autre droit ne peut venir de Dieu.
» Aujourd'hui que Votre Altesse étudie l'Art
» du Gouvernement, considérez les Loix,
» comme votre objet principal dans cette
» Science. Lorsque vous ne voulez que la
» justice, elles sont pour vous le guide le
» plus sûr. Cette façon de penser est ce qui
» a fait donner à des Hommes les titres
» glorieux de Libérateurs & de Peres de
» leur Patrie. C'est-là ce qui leur attiroit
» les Bénédictions de tout un Peuple, &
» ce qui faisoit qu'ils ne pouvoient paroître
» sans qu'on applaudît à leur seule vûe,
» comme à un bienfait. Considérez les
» avantages inexprimables que recueillera
» Votre Altesse, quand le pouvoir de rendre
» les Hommes heureux, sera la mesure
» de ses actions. Quand ce sera là votre

qui n'étant simplement qu'une créa-

» but, qu'aisément ce pouvoir s'étendra !
» vos regards porteront par-tout la joie, &
» chaque mot de votre bouche paroîtra un
» bienfait. Quoique de lâches Courtisans se
» plaisent à insinuer, vous avez perdu vos
» Sujets, quand vous avez perdu leur
» amour. Vous devez régner sur les esprits,
» non sur les corps des hommes. L'ame est
» l'essence de l'homme, & vous ne sauriez
» avoir ce qui fait vraiment l'homme con-
» tre son inclination. Choisissez donc d'être
» le Roi ou le Conquérant de votre Peu-
» ple ; ce qui est passif peut être soûmis-
» sion, mais ne sauroit être obéissance. «

Je suis,

MONSEIGNEUR,

DE VOTRE ALTESSE,

Le très-fidel Serviteur,

WALTER RALEIGH.

A Londres ce 12. Août 1611.

ture du Public, & recevant la Couronne à des conditions expresses & avouées, trouvât son autorité établie sur le même fonds que les priviléges du Peuple. En le choisissant dans la ligne Royale, nous ôtons toute espérance à dés Sujets ambitieux, qui en de pareilles conjonctures pourroient troubler le Gouvernement par leurs cabales & leurs prétentions. En rendant la Couronne héréditaire dans sa famille, nous avons évité tous les inconvéniens des Monarchies électives. En excluant la ligne héritiere, nous avons assuré les restrictions que nous avons mises à la Puissance Royale, & nous avons rendu notre Gouvernement conséquent & uniforme. Le Peuple chérit la Monarchie parce qu'elle le protége ; le Monarque favorise la liberté parce qu'il est créé par elle. Ainsi l'un &

l'autre avantage font obtenus par le nouvel établissement , & auſſi bien aſſurés qu'ils peuvent l'être par la prudence & la ſageſſe humaine.

Voilà les différens avantages qui réſultent de fixer la ſucceſſion dans la Maiſon de Stuart ou dans celle d'Hanovre. Il y a auſſi des déſavantages de chaque côté , qu'un *Patriote* impartial doit peſer & examiner , pour ſe former un juſte jugement ſur le tout.

Les déſavantages de la ſucceſſion Proteſtante conſiſtent dans des Domaines étrangers qui ſont poſſédés par des Princes de la ligne d'Hanovre , & qui par une ſuppoſition aſſez naturelle , peuvent nous engager dans les intrigues & les guerres du continent , & nous faire perdre en quelque degré 'ineſtimable avantage que nous poſſédons d'être environnés & gardés par la Mer à laquelle nous commandons. Les défavantages de rappeller la famille abdiquée confiſtent principalement dans la Religion qu'elle profeſſe, qui eſt plus préjudiciable à la Société que celle qui eſt établie parmi nous, & qui n'admet ni tolération, ni paix, ni fûreté pour aucune autre Religion.

Il me paroît que ces avantages & ces défavantages ſont avoués des deux côtés, du moins par quiconque eſt capable de raiſonnement. Aucun ſujet, quelque loyal qu'il ſoit ne peut nier que le titre diſputé & les domaines étrangers dans la préſente famille Royale n'entraînent de grands inconvéniens. Et il n'y a aucun Partiſan de la Maiſon de Stuart qui ne convienne que la prétention d'un droit héréditaire & inviolable, & la Religion Catholique ne foient auffi des défavantages dans cette famille. Il n'appartient donc qu'à un Philofophe, qui n'eft d'aucun parti de mettre toutes ces circonftances dans la balance, & d'affigner à chacune fon propre poids & fon influence. Un tel homme reconnoîtra d'abord aifément que toutes les queftions politiques font infiniment compliquées, & que dans quelque délibération que ce foit, il fe trouve à peine un choix qui foit ou totalement bon, ou totalement mauvais. Chaque mefure entraîne des conféquences mêlées & variées qui peuvent être prévues, & plufieurs autres qui ne l'ont point été, en réfultent toûjours réellement. Ainfi les feules difpofitions qu'il apporte à l'examen d'une pareille queftion, font le doute & la réferve; & tout ce qu'il fe permet de plus paffionné, c'eft de

rire & de se moquer de la multitude ignorante, qui est toûjours
bruyante & décisive, même dans
les questions les plus délicates,
dont pourtant ceux qui la composent sont incapables de juger faute
de modération, peut-être encore
plus que d'entendement.

Mais pour dire quelque chose de
plus positif sur ce Chapitre, je me
flatte dans les réflexions suivantes
de faire voir si non l'entendement,
du moins la modération d'un Philosophe.

Si nous ne devions juger que par
les apparences & par l'expérience passée, nous serions forcés d'avouer que
les avantages d'un *titre Parlementaire* dans la Maison d'Hanovre,
sont beaucoup plus grands que ceux
d'un titre Héréditaire, qui n'est pas
contesté dans la Maison de Stuart,
& que nos Peres ont agi sagement
en

en préférant le premier au dernier.
Tant que la Maison de Stuart a
regné en Angleterre, c'est-à-dire,
avec quelques interruptions pendant
plus de quatre-vingts ans, le Gouvernement a toûjours été dans une
fiévre continuelle par les conten-
sions entre les priviléges du Peuple
& les prérogatives de la Couronne.
Lorsque l'on a mis bas les Armes,
le bruit des disputes a continué,
& lorsque l'on a gardé le silence, la
jalousie a toûjours rongé les cœurs,
& a jetté la Nation dans une fer-
mentation & dans un désordre sur-
naturels. D'un autre côté, tandis
que nous étions aussi occupés de
nos querelles domestiques, une
Puissance étrangere, dangereuse,
si non fatale pour la liberté publique, s'est élevée sans aucune opposition de notre part, & même quelquefois par notre assistance.

Mais depuis ces derniers soixante ans qu'un établissement *Parlementaire* a lieu, quelques factions qui aient prévalu parmi le Peuple, ou dans nos Assemblées publiques, toute la force de la Constitution a toûjours été d'un seul côté, & il y a eu une harmonie non interrompue entre nos Princes & nos Parlemens. La liberté publique, la paix intérieure, & l'ordre ont fleuri presque sans interruption. Les Arts, les Sciences & la Philosophie, ont été cultivées. Il n'y a pas jusqu'aux différens Partis de Religion qui n'aient été forcés de laisser à part leur haine mutuelle. La gloire de la Nation s'est répandue par toute l'Europe. Nous sommes devenus le Boulevard contre l'oppression, & la Nation Angloise est aujourd'hui la grande Antagoniste de cette Puissance qui menace de conquérir

& de rendre Esclaves toutes les autres. Aucune Nation ne peut se
vanter d'avoir joué pendant si long-
tems un rôle aussi glorieux, & dans
toute l'Histoire, il n'y a pas d'autre exemple que tant de millions
d'hommes pendant un pareil es-
pace de tems aient concouru d'un
commun accord au même but d'une
maniere si libre, si raisonnable & si
convenable à la dignité de la Nature humaine.

Mais quoique ce que je viens de
dire paroisse décider clairement en
faveur du présent établissement, il
y a d'autres circonstances qu'il faut
mettre dans la balance; il seroit
dangereux de régler notre jugement
par un événement ou un exemple.

Nous avons eu deux Rébellions
durant cette florissante période,
outre des conspirations sans nombre

dont aucune, à la vérité, n'a été suivie d'un événement vraiment fatal; ce que nous ne devons attribuer qu'au génie étroit des Princes qui ont entrepris de disputer notre établissement, & nous en croire nous-mêmes d'autant plus heureux. Mais les droits de la Famille bannie ne sont pas encore prescrits, & qui peut prédire que leurs tentatives futures ne produiront pas de plus grands désordres ?

» Les disputes entres les priviléges du Peuple & les prérogatives du Souverain, peuvent aisément être terminées par un concours de suffrages, par des Loix, des conféren-ces & des conceffions, toutes les fois qu'il y aura de la modération & de la prudence des deux côtés, ou du moins d'un des côtés. Entre des titres qui se disputent la quef-tion ne peut être terminée que par l'épée, la guerre civile & la dévastation.

Un Prince qui occupe le Thrône avec un titre qu'on lui dispute, n'ose pas armer ses Sujets, la seule méthode de mettre un Peuple entierement à l'abri de l'oppression domestique, & de la conquête des Etrangers.

Nonobstant toutes nos richesses & notre réputation, quels risques n'avons-nous pas courus dernierement ? & quel bonheur n'avons-nous pas eu d'échapper si heureusement à des périls qui étoient moins dûs à une mauvaise conduite, ou à des événemens malheureux de la guerre, qu'à la pernicieuse pratique d'engager nos Finances, & à la maxime encore plus pernicieuse de jamais n'acquitter nos charges publiques ? On n'eût certainement pas pris de si fatales mesures s'il ne se fût pas agi de foûtenir un établiffement précaire (*a*).

Mais pour nous convaincre qu'un titre héréditaire eft à préférer à un *titre Parlementaire* qui n'eft pas foûtenu par quelque autre motif. Un homme n'a qu'à fe tranfporter lui-même à l'époque de la Reftauration, & à fe fuppofer Membre du Parlement qui rappella la Famille Royale, & mît fin aux plus grands défordres qu'aient jamais produits les

---

(*a*) Ceux qui confidéreront combien cette pratique pernicieufe d'engager les fonds publics, eft univerfelle par toute l'Europe, difputeront peut-être cette derniere opinion. Mais nous en avons moins befoin que les autres Etats.

On a vû dans les RÉFLEXIONS de Mylord BOLINGBROKE, qu'il eft entiérement de l'Avis de M. HUME, fur l'origine des fonds publics de l'Angleterre.

différentes prétentions d'un Prince & de son Peuple. Qu'auroit-on pensé de celui qui auroit proposé en ce tems de laisser à part Charles II. & de placer sur le Thrône le Duc d'Yorck ou celui de Glocester, uniquement afin d'exclurre les titres que leur Pere & leur grand Pere avoient tant fait valoir ? Un tel avis n'eût-il pas passé pour le projet d'un extravagant, qui aimeroit les remédes dangereux, & qui n'auroit pas plus d'égard à la Constitution naturelle d'un Gouvernement, qu'un Charlatan n'en a au tempérament d'un malade qui a le malheur de tomber entre ses mains ?

Les avantages qui résultent d'*un titre Parlementaire*, & que le titre héréditaire n'a point , quoique grands, sont trop rafinés pour être conçus par le Vulgaire ; le gros du Genre humain ne les trouvera jamais suffisans pour autoriser à commettre, ce qui seroit regardé comme une injustice faite au Prince. Ils ont besoin d'être appuyés de quelque raison frappante, populaire & familiere ; & les gens sages, quoique convaincus de leur force, les rejetteroient par égard pour la foiblesse & les préjugés du Peuple. Un Tyran entreprenant, ou du moins un Bigot trompé, pouvoit seul par sa mauvaise conduite pousser à bout la Nation, & rendre pratiquable ce qui d'ailleurs étoit peut-être toûjours à désirer.

En effet, la raison donnée par la Nation pour exclurre la Race de Stuart, & tant d'autres branches de la Famille Royale, ne regarde point leur titre héréditaire (qui, bien que juste en lui-même, n'auroit pas laissé de paroître absurde à des appréhensions vulgaires), elle ne ne regarde que leur Religion , qui nous force de comparer les défavantages ci-deſſus mentionnés de chaque établiſſement.

J'avoue qu'à conſidérer la matiere en général , il feroit plutôt à ſouhaiter que notre Prince n'eût point de Domaines étrangers , & pût borner toute ſon attention au Gouvernement de cette Iſle : car ſans parler de quelques inconvéniens réels qui peuvent réſulter des territoires ſur le Continent, ils fourniſſent un prétexte à la calomnie & à la diffamation, que le Peuple qui eſt toûjours diſpoſé à penſer mal de ſes Supérieurs , ne ſaiſit que trop avidement. Il faut pourtant convenir qu'Hanovre eſt peut-être le Pays de l'Europe qui a le moins d'inconvéniens pour un Roi d'Angleterre. Cet Etat eſt dans le cœur de l'Allemagne, éloigné des grandes

Puissances qui sont nos Rivales naturelles. Il est protégé par les Loix de l'Empire, aussi-bien que par les armes de son propre souverain, & il sert seulement à nous unir plus étroitement avec la Maison d'Autriche, qui est notre Alliée naturelle.

Dans la derniere guerre, il nous a été avantageux, en nous fournissant un Corps considérable de Troupes auxiliaires, les plus braves & les plus fidelles du monde. L'Electeur d'Hanovre est le seul Prince considérable de l'Empire, qui pendant les derniers troubles de l'Europe n'ait pas eu des vûes séparées, ni entrepris de faire valoir de vieilles prétentions. Au contraire, il a agi pendant tout ce tems avec la dignité d'un Roi de la Grande-Bretagne, & même depuis que cette Famille est montée sur le Thrône, il seroit diffi-

cile de citer quelque mal qui nous
soit arrivé au sujet de ses Etats
Electoraux , excepté cette courte
altercation de 1718. avec Charles
XII. † qui se réglant lui-même par

---

† Au sujet des Duchés de Bremen &
Verden , que le Roi d'Angleterre George I.
acheta du Roi de Danemark , pour les réu-
nir à son Electorat d'Hanovre. Cette affaire
qui fit en ce tems-là tant de bruit en Angleterre , peut très-bien aujourd'hui être
ignorée de grand nombre de Lecteurs François.

Lorsque le Roi de Suede, Charles XII.
étoit prisonnier à Bender, après la malheureuse bataille de Pultowa , ses Ennemis firent différentes incursions dans ses Etats ,
& en partagerent même une partie entre
eux. Le Roi de Danemark s'empara des
Duchés de Bremen & Verden , qui sont entre l'Elbe & le Weser , & entre les Etats
de la Maison de Brunswick - Lunebourg &
l'Océan Germanique. Ils convenoient par
cette raison au Roi d'Angleterre , Electeur

des maximes très-différentes de cel-

---

d'Hanovre, à qui ils ouvroient une com-munication entre son Electorat & ses Royau-mes.

Le Roi de Danemark qui prévoyoit que les affaires de Charles XII. venant à chan-ger, il ne conserveroit pas long-tems ces Duchés, les remit volontiers en séquestre entre les mains du Roi George, pour la somme de soixante mille pistoles. Le Héros de Suede fut outré de voir vendre ainsi pu-bliquement une partie de ses Etats : dès qu'il fut de retour dans son Royaume, il résolut de se venger de celui qui les avoit achetés. Gortz son Ministre se lia avec le Cardinal Albéroni, & tous deux, de concert, for-merent le plan d'une invasion en Ecosse. Pour mieux ménager les moyens d'exécuter cette entreprise, Gortz fut envoyé Ambassa-deur en Hollande & Gyllenbourg, homme sûr & capable, fut envoyé en Angleterre. Le Czar Pierre I. étoit sur le point d'entrer dans ce plan qui devoit terminer la guerre entre lui & le Roi de Suede.

M. le Duc d'Orléans, Régent de France,

les des autres Princes, fit une que-

qui étoit étroitement lié avec le Roi d'Angleterre, découvrit cette Conspiration, & l'en avertit à tems. (Ce fut aussi le Roi d'Angleterre qui donna à M. le Duc d'Orléans les premiers avis de la Conspiration tramée à Paris, entre M. le Duc du Maine & les Ministres d'Espagne, pour faire déclarer le Roi d'Espagne Gouverneur & Administrateur Général du Royaume de France.) Alors Gyllenbourg fut arrêté à Londres, & bientôt après Gortz à la Haye. Le Ministere Anglois fit imprimer leurs papiers qui avoient été saisis, & le dessein échoua pour avoir été ainsi exposé aux yeux du Public.

Mais le danger passé pour l'Angleterre, ne le fut pas pour l'Electorat d'Hanovre, où les Suédois exercerent des hostilités. La Paix de l'Empire, que les Anglois ont intérêt de conserver, devint un prétexte pour employer l'argent & les forces d'Angleterre à la défense de cet Electorat ; ce qui étoit manifestement contraire à une clause de l'Acte d'établissement. Le Parti opposé à la

relle personnelle de chaque injure publique.

La persuasion Religieuse de la Maison de Stuart est un inconvénient plus dangereux, & nous menaceroit de plus tristes conséquences. La Religion Catholique Romaine, par le nombre prodigieux de ses Prêtres & de ses Religieux, entraîne beaucoup plus de dépenses que la nôtre : elle est aussi moins tolérante dans les Pays même où

———————————————

Cour prétendoit que la Paix de l'Empire n'étoit qu'un vain prétexte, & que le véritable but des Ministres Anglois étoit d'assûrer au Roi ces nouvelles acquisitions. Il soûtenoit qu'il n'y avoit pas d'exemple qu'on eût fait un pareil usage de l'argent & des forces de la Nation. D'un autre côté, le Ministere ne craignoit pas d'avancer que ces acquisitions étoient très-avantageuses à l'Angleterre même, à cause de leur situation maritime.

l'Inquifition n'eft pas établie. Non
contente de féparer l'Office † Sa-

---

† Il eft aifé de s'appercevoir que l'Auteur n'envifage ici la Religion qu'en Politique qui n'eft point Théologien, & qui
eft Proteftant. Ses Principes font ceux de fa
Secte & de fa Nation, c'eft-à-dire, ceux
du Prefbytérianifme & de l'Ecoffe. On en
verra des preuves dans le Difcours fuivant,
où il ne paroît pas moins oppofé aux Evêques qu'au Pape. Si la fidélité qu'on eft en
droit d'exiger d'un Traducteur ne me per-
mettoit pas de déguifer fes fentimens, la
décence ne me défendoit pas moins de rendre en François tout ce que les expreffions
Angloifes ont de violent, d'injurieux &
d'injufte. Ces déclamations des Ecrivains
Proteftans contre la Religion Catholique ne
doivent pas étonner un Lecteur judicieux ;
il doit même favoir gré à celui-ci de fa
bonne foi. L'exemple qu'il cite plus bas
prouve, contre fes propres principes, qu'un
Prince Catholique peut faire le bonheur des
Sujets d'une Religion différente qui lui font
foûmis. Les hautes vertus & la piété folide

D d iiij

cerdotal du Royal (ce qui néceffairement eft préjudiciable à tout
Etat), elle donne le premier à un
Etranger, qui a toûjours un intérêt
féparé de celui du Public, & peut
fouvent en avoir un qui y foit totalement oppofé.

Mais quand même cette Religion
feroit plus avantageufe à la Société, elle eft contraire à celle qui eft
établie parmi nous, & qui probablement eft pour long-tems en poffeffion des efprits du Peuple ; & quoiqu'il foit fort à fouhaiter que les
progrès de la raifon & de la Philo-

---

du Souverain qui gouverne aujourd'hui la
Saxe & la Pologne, tranfmifes à fes Def-
cendans, ne peuvent manquer de perpétuer
dans fon Augufte Maifon l'une & l'autre
Couronne : à cet égard les vœux de l'Europe
s'accordent avec ce que le bien des deux
Etats demande.

fophie puiſſent par degrés diminuer les haines violentes des Religions oppoſées par toute l'Europe ; cependant l'eſprit de modération juſqu'ici a fait trop peu de progrès pour s'y fier entiérement.

La politique de la Maiſon de Saxe, où la même perſonne peut être un Roi Catholique & un Electeur Proteſtant, eſt peut-être le premier exemple dans les tems modernes, d'une conduite ſi raiſonnable & ſi prudente. Cependant le progrès graduel de la ſuperſtition Catholique, pronoſtique ici même une prompte altération, après laquelle on doit craindre avec juſtice, que les perſécutions ne mettent une prompte fin à la Religion Proteſtante dans le lieu même de ſa naiſſance.

Ainſi le tout combiné, les avantages de l'établiſſement dans la Famille de Stuart, qui nous délivrent d'un titre difputé, femblent avoir quelque proportion avec ceux de l'établiffement de la Maifon d'Hanovre, qui nous délivrent des prétentions de la Prérogative : mais en même tems les défavantages du premier Parti, en plaçant fur le Thrône un Catholique Romain, font beaucoup plus grands que ceux du fecond, qui donne la Couronne à un Prince étranger. Peut-être paroîtra-t-il encore difficile à quelques perfonnes de déterminer quel choix auroit fait dans le Regne du Roi Guillaume ou de la Reine Anne, un *Patriote* impartial, entre des vûes fi oppofées. Pour moi, je trouve la Liberté une bénédiction d'un prix fi ineftimable, que tout ce qui favorife fes progrès & fa fûreté, ne peut, à mon avis, être recherché avec trop d'ardeur par quiconque eft Ami du Genre humain.

L'établissement dans la Maison d'Hanovre a présentement pris place. Les Princes de cette Famille, sans intrigue, sans cabale, sans sollicitation de leur part, ont été appellés pour occuper notre Thrône, par la voix unanime de tout le Corps légiflatif. Ils ont depuis leur acceffion, montré dans toutes leurs actions toute la douceur, toute l'équité, & tous les égards poffibles pour les Loix & la Conftitution.

Nous avons été gouvernés par nos propres Miniftres, nos propres Parlemens, par nous-mêmes, & fi quelque mal nous eft arrivé, nous ne pouvons nous en prendre qu'à nous, ou à la fortune. Quels reproches ne feroit-on pas en droit de nous faire parmi les Nations, fi dégoûtés d'un établiffement, fait après une telle délibération, & dont les conditions ont été fi religieufement obſervées, nous replongions notre Patrie dans la confuſion, & ſi par notre légereté & nos diſpoſitions rébelles, nous nous montrions totalement incapables d'aucun autre état que celui de la ſujettion & d'un Eſclavage abſolu !

Le plus grand inconvénient qui naiſſe d'un titre diſputé, eſt qu'il nous expoſe aux dangers des Rébellions & des Guerres civiles. Quel Homme ſage, pour éviter cet inconvénient, voudroit commencer lui-même directement une Guerre civile & une Rébellion ? Outre qu'une ſi longue poſſeſſion, aſſûrée par tant de Loix, doit aujourd'hui dans l'eſprit de la plus grande partie de la Nation, avoir engendré un titre dans la Maiſon d'Hanovre, indépendant de la poſſeſſion préſente ; de ſorte que par une révolution, nous ne pourrions plus à préſent obtenir le but propofé d'éviter un titre difputé.

Aucune révolution faite par les forces nationales ne fera en état, fans quelque autre grande néceffité, d'abollir nos dettes & nos charges dans lefquelles la fortune de tant de perfonnes eft intéreffée, & une révolution faite par des forces étrangeres eft une conquête, calamité dont nous fommes menacés d'affez près par la balance précaire de la puiffance de l'Europe, & que vraifemblablement nos diffenfions civiles, plutôt encore que toutes les autres circonftances, attireront foudain fur nous.

DISCOURS XII.

ET DERNIER,

Idée d'une République parfaite.

DE tous les Hommes les plus pernicieux dans un Etat sont les Faiseurs de projets politiques, s'ils ont la puissance, & les plus ridicules, s'ils ne l'ont pas ; comme de l'autre côté, un Politique sage est le caractere le plus avantageux de la nature, s'il est accompagné de l'autorité, & le plus innocent, sans être totalement inutile, même quand il en est privé. Il n'en est pas des formes de Gouvernement †, com-

---

† Je laisserai au Lecteur à décider dans laquelle des deux Classes doit être placé l'Au-

me des machines artificielles, où

---

teur Anglois, qui a proposé de diviser la Grande-Bretagne en dix ou douze petits Etats totalement indépendans, sous prétexte que les petits Gouvernemens sont favorables à la Population, quoique l'Histoire de l'Angleterre même nous apprenne qu'elle a été, durant l'Heptarchie Saxone, continuellement dévastée, par des guerres qu'occasionnoient nécessairement les débats sur le Pouvoir & la Domination. Quelle quantité de Peuples n'a pas encore été détruite par les nombreuses & sanglantes Batailles, entre l'Angleterre & l'Ecosse, avant la réunion de ces deux Royaumes ! La Tranquillité, la Paix & la Liberté dont l'Angleterre jouit actuellement, sont des biens non-seulement réels, mais inestimables, les avantages qui pourroient résulter de pareilles Constitutions imaginaires, sont trop incertains. A quoi servent toutes ces idées de perfections chimériques ? Ce n'est point concourir au bonheur de la Société, c'est le troubler que de dégoûter les hommes de leur condition présente, sous prétexte qu'elle n'est pas aussi heureuse

l'on peut rejetter un vieux reſſort, ſi l'on en découvre un plus exact & plus commode ; & où, quoique le ſuccès ſoit douteux, on peut toûjours faire des épreuves en ſûreté. Un Gouvernement établi a des avantages infinis, par cette ſeule circonſtance qu'il eſt établi. Le gros du Genre humain ne ſe conduiſant pas par l'autorité, ni par la raiſon, & n'attribuant jamais l'autorité, à une choſe qui n'a pas la recommandation de l'Antiquité. Ainſi un ſage Magiſtrat ne ſe haſardera ja-

---

qu'elle pourroit l'être, en repaiſſant leur imagination d'une autre plus heureuſe, à la vérité, mais impoſſible. De ſemblables Ecrits ne laiſſent pas que d'échauffer des têtes fanatiques, & le mieux qui en puiſſe arriver eſt que ce ſoit en pure perte. On ne les rend pas plus heureux, on ne les rend que plus mécontens.

mais

mais à essayer des projets qui n'auront d'autres fondemens que quelques suppositions ou quelques raisonnemens philosophiques : au contraire, il respectera tout ce qui porte le caractere de l'Antiquité, & quoiqu'il puisse tenter quelques changemens pour le bien public, cependant il ajustera, autant qu'il lui sera possible, ses innovations à l'ancienne fabrique, & conservera les principaux piliers & les supports de la Constitution.

Les Mathématiciens de l'Europe ont été très-partagés au sujet de la figure d'un Vaisseau la plus commode pour la navigation. Huygens qui à la fin a fixé cette controverse, passe avec raison pour avoir obligé le monde savant, aussi-bien que le monde commerçant ; quoique Christophe Colomb eût navigué à l'Amérique, & que François Drake eût fait le tour du monde, sans aucune découverte pareille. Comme il faut avouer qu'une forme de Gouvernement peut être plus parfaite qu'une autre, indépendamment des mœurs & des humeurs des hommes particuliers, pourquoi ne pourrions-nous pas rechercher quelle est la plus parfaite de toutes, quoique les Gouvernemens les plus ordinaires & les moins réguliers paroissent servir aux fins de la Société, & quoiqu'il ne soit pas si aisé d'établir un nouveau Gouvernement que de bâtir un Vaisseau sur une nouvelle Théorie ? Le sujet est certainement le plus digne de curiosité de tous ceux que l'esprit de l'homme peut se proposer. Dans le cas même où cette controverse seroit décidée par le consentement universel des Savans, qui sait si dans quelque siécle futur, il ne pourroit pas se trouver une occasion de réduire la Théorie en pratique, soit par la dissolution d'un ancien Gouvernement, ou par une combinaison d'hommes pour en établir un nouveau dans quelque partie du monde éloignée? Dans tous les cas, il doit être avantageux de connoître ce qu'il y a de plus parfait dans l'espéce, afin de nous mettre en état de rapprocher, autant qu'il est possible, toute Constitution réelle, ou forme de Gouvernement, de ce point de perfection, par des altérations imperceptibles & des innovations ménagées avec douceur, & de maniere à ne pas causer de trop grands troubles dans la Société.

Tout ce que je prétens dans le présent Essai, est de faire revivre ce sujet de spéculation ; c'est pourquoi je vais exposer mes sentimens aussi briévement qu'il me fera posfible. Une longue Differtation fur cette matiere ne feroit pas, je crois, fort agréable au Public, qui eft porté à regarder de pareilles recherches comme inutiles & chimériques.

Tous les plans de Gouvernement qui fuppofent de grandes réformations dans les mœurs, font véritablement imaginaires. De cette nature, font la République de Platon, & l'Utopie de Thomas Morus. *L'Occéana* † eft le feul modelle eftimable de République qui ait encore été publié jufqu'ici.

Les principaux défauts de *l'Occéana* me paroiffent être ceux-ci. Pre-

---

† *The Occeana of James Harrington*, Efq. Millar vient de donner une nouvelle Edition de tous les Ouvrages Politiques de cet Auteur, plus ample que celle de M. Toland.

mierement, son tournoyement dans les Charges a de grands inconvéniens en destituant par intervalles des hommes de quelque capacité qu'ils soient, des emplois publics. Secondement, ses Loix Agraires sont impraticables. Les hommes apprendront bien-tôt l'Art qui étoit en usage dans l'ancienne Rome, de cacher sous d'autres noms leurs propres possessions, & à la fin, l'abus deviendra si commun qu'ils ne voudront plus même prendre la peine de se cacher. Troisiémement, *l'Occéana* ne fournit pas des sûretés suffisantes pour la liberté ou la réforme des abus. Le Sénat doit proposer & le Peuple consentir, & par ce moyen, le Sénat a non-seulement une voix négative sur le Peuple, mais ce qui est d'une conséquence beaucoup plus grande, la négative du Sénat précéde les fuffrages du Peuple. Si dans la Conftitution Angloife, la négative du Roi étoit de la même nature, s'il pouvoit prévenir la propofition de quelque Acte que ce foit au Parlement, il feroit un Monarque abfolu. Comme fa négative fuit les fuffrages des deux chambres, elle eft de peu de conféquence : tant la différence eft grande à cet égard dans la maniere de placer la même chofe. Lorfqu'un Acte en faveur du Peuple a été débattu dans les deux Chambres, que l'on en a bien balancé & pefé les avantages & les inconvéniens, & que le projet eft parvenu à fa maturité ; fi enfuite il eft préfenté pour obtenir le confentement du Roi, peu de Princes fe hafarderont à rejetter le vœu unanime du Peuple. Mais fi le Souverain étoit maître d'étouffer, pour ainfi dire, dès fa naiffance, un Acte

qui lui feroit désagréable (comme
cela s'est pratiqué pendant quelque
tems dans le Parlement d'Ecosse ,
par le moyen des Seigneurs livrés
à la Cour) le Gouvernement Anglois n'auroit plus de balance , &
les abus n'y seroient jamais réfor-
més. Il est certain qu'en quelque
Gouvernement que ce soit , le pouvoir exorbitant vient moins des nouvelles Loix, que de ce qu'on né-
glige de remédier aux abus fréquens
qui se glissent au détriment des
anciennes. Un Gouvernement ,
dit Machiavel , a besoin d'être souvent ramené aux Principes de son
institution. Il paroît donc que dans
l'Occéana , l'on peut dire que toute
la législature est entre les mains du
Sénat , ce qu'Harrington avouroit
être une forme de Gouvernement
défectueuse , sur-tout l'Agraire étant
aboli.

Voici une forme de Gouvernement, contre laquelle je ne puis prévoir dans la théorie aucune objection confidérable. Que l'on divife la Grande-Bretagne & l'Irlande, ou quelque territoire que ce foit d'une pareille étendue en cent Comtés ou Provinces, & chaque Comté en deux cens Paroiffes, faifant en tout dix mille. Si le Pays que l'on fuppofe vouloir ériger en République, eft de moindre étendue, nous pouvons diminuer le nombre des Provinces, mais jamais les réduire au-deffous de trente. S'il eft d'une plus grande étendue, il feroit mieux d'aggrandir des Paroiffes, ou de mettre plus de Paroiffes dans une Province, que d'augmenter le nombre des Provinces.

Que tous les Poffeffeurs de Francs-fiefs dans les Paroiffes de la Comté

Comté ou de la Campagne, & tous ceux qui payent les droits de Paroisse dans celles de la Ville, s'assemblent une fois l'an dans l'Eglise de la Paroisse, & qu'ils choisissent par ballot quelque Possesseur de Franc-fief de la Province pour leur Membre, que nous appellerons le Représentant de la Province.

Que les cent Représentans des Provinces deux jours après leur élection, s'assemblent dans la Ville de la Comté, & choisissent par ballot de leur propre Corps, dix Magistrats de Province & un Sénateur. Il y aura dans toute la République cent Sénateurs, onze cens Magistrats de Province, & dix mille Représentans. Car nous donnerons à tous les Sénateurs l'autorité des Magistrats de Province, & à tous les Magistrats de Province l'autorité des Représentans.

Que les Sénateurs s'assemblent dans la Capitale, & qu'on leur confie tout le pouvoir exécutif de la République, le pouvoir de la paix & de la guerre, de donner des ordres aux Généraux, Amiraux & Ambassadeurs, & enfin toutes les Prérogatives d'un Roi d'Angleterre excepté sa négative.

Que les Représentans des Provinces s'assemblent dans leurs Provinces particulieres, & qu'ils possédent tout le pouvoir législatif de la République ; le plus grand nombre des Provinces décidant la question, & dans le cas de partage, le Sénat ayant le suffrage prépondérant.

Chaque Loi nouvelle doit d'abord être débattue dans le Sénat, & quoique rejettée par l'Assemblée, si dix Sénateurs insistent & protestent, elle doit être envoyée aux Provin-

ces. Le Sénat peut joindre à la copie de la Loï ses raisons pour la recevoir ou la rejetter.

Comme il seroit embarrassant
d'assembler tous les Représentans
des Provinces pour chaque Loi tri-
viale qui pourroit être demandée,
le Sénat a le choix d'envoyer cette
Loi, soit aux Magistrats des Provinces ou aux Représentans.

Les Magistrats, quoique consul-
tés pour la nouvelle Loi, peuvent,
si bon leur semble, appeller les
Représentans de la Province & sou-
mettre l'affaire à leur détermina-
tion.

Soit que la Loï soit référée par
le Sénat aux Magistrats ou aux Représentans de la Province, huit
jours avant celui indiqué pour l'Assemblée où l'on doit délibérer touchant cette Loi, il faut qu'on en
envoie une copie à chaque Repré-

sentant, avec les raisons qui ont déterminé le Sénat. Quoiqu'il ait renvoyé la décision de la chose aux Magistrats, si cinq Représentans de la Province ordonnent aux Magistrats d'assembler tout le Corps des Représentans, & de soûmettre l'affaire à leur jugement, les Magistrats doivent obéir.

Les Magistrats de Province ou les Représentans, peuvent donner au Sénateur de la Comté la copie d'une Loi pour être proposée au Sénat, & si cinq Provinces concourent à la soûtenir, la Loi, quoique refusée par le Sénat, doit être envoyée aux Magistrats ou aux Représentans des Provinces, comme elle est contenue dans l'ordre des cinq Provinces.

Vingt Comtés ou Provinces par une délibération de leurs Magistrats ou de leurs Représentans, peuvent priver un homme de tout Office public pour un an, trente Comtés pour trois ans.

Le Sénat a le pouvoir de chasser de son Corps un ou plusieurs Membres, sans que ceux ainsi renvoyés puissent être élus de nouveau pour cette année. Le Sénat ne peut pas chasser deux fois dans une même année le Sénateur de la même Comté.

Le pouvoir de l'ancien Sénat continue pendant trois semaines, après l'élection des Représentans de la Province ; alors tous les nouveaux Sénateurs sont enfermés dans un Conclave comme les Cardinaux, & par une maniere de balloter les suffrages semblable à celles qui se pratique à Venise & à Malte, ils choisiront les Magistrats suivans. Un Protecteur qui représente la dignité de la République, & qui préfide au Sénat ; deux Secrétaires d'Etat. Les six Conseils suivans : un Conseil d'Etat, un Conseil de Religion & de Science, un Conseil de Commerce, un Conseil de Loix, un Conseil de Guerre, un Conseil d'Amirauté ; chacun de ces Conseils composé de cinq personnes, avec six Commissionnaires du Thréfor & un Commissionnaire principal. Tous les Conseillers doivent être Sénateurs.

Le Sénat nomme aussi tous les Ambassadeurs dans les Cours étrangeres, qui peuvent être Sénateurs ou non.

Le Sénat peut continuer celles qu'il jugera à propos de ces personnes, & même toutes dans leurs emplois ; mais il faut à chaque année les élire de nouveau.

Le Protecteur & les deux Secrétaires auront féance & suffrage dans le Conseil d'Etat. L'objet de ce Conseil fera tout ce qui concerne les affaires étrangeres. Le Conseil d'Etat aura séance & suffrage dans tous les autres Conseils.

Le Conseil de Religion & de Science aura l'infpection fur le Clergé & les Univerſités. Celui du Commerce, l'infpection fur tout ce qui y a rapport. Celui des Loix fera chargé de réprimer les abus que les Magiſtrats inférieurs peuvent commettre dans l'adminiſtration de la Juſtice, & d'examiner les moyens de perfectionner les Loix municipales. Celui de Guerre aura l'infpection fur la Milice, la Difcipline militaire, les Magaſins, &c. Quand la République fera en guerre, il examinera les ordres à donner aux Généraux. Le Conseil de l'Amirauté aura le même pouvoir à l'égard de la Marine, avec la nomination des

Capitaines, & de tous les Officiers inférieurs.

Aucun de ces Conseils ne pourra donner d'ordre de lui-même, excepté lorsqu'il en recevra le pouvoir du Sénat. Dans les autres cas, les différens Conseils seront obligés de communiquer chaque chose au Sénat.

Lorsque le Sénat est séparé, aucun de ces Conseils ne peut le convoquer avant le jour indiqué pour son Assemblée.

Outre ces Conseils ou Cours, il y en aura un autre que l'on appellera la Cour des Compétiteurs, qui sera constituée de la maniere suivante. Si pour l'Office de Sénateur, quelque Candidat a plus de voix que le troisiéme des Représentans ; ce Candidat qui a le plus de voix après le Sénateur élu, devient incapable pour un an de tout Office public, même d'être Magiftrat ou Repréfentant : au lieu de quoi, il prend féance dans la Cour des Compétiteurs. Voici donc une Cour qui peut quelquefois être de cent Membres, & quelquefois être fans aucun Membre abfolument, & par cette raifon être entiérement abolie pour un an.

La Cour des Compétiteurs n'a point de pouvoir dans la République ; elle a feulement l'infpection des comptes publics, & peut accufer quelque homme que ce foit devant le Sénat. Si le Sénat l'abfout, la Cour des Compétiteurs peut appeller au Peuple, aux Magiftrats ou aux Repréfentans. Sur cet appel, les Magiftrats ou les Repréfentans s'affemblent au jour indiqué par la Cour des Compétiteurs, & choififfent dans chaque Province trois perfonnes du nombre desquelles tout Sénateur est exclu. Ceux qui sont élus au nombre de trois cens, s'assemblent dans la Capitale, & examinent de nouveau le Procès de la personne accusée.

La Cour des Compétiteurs peut proposer quelque Loi que ce soit au Sénat, & si elle y est rejettée, en appeller au Peuple, c'est-à-dire, aux Magistrats & Représentans qui l'examineront dans leurs Provinces. Chaque Sénateur qu'un Décret de ce Tribunal forcera le Sénat de renvoyer, prendra séance à la Cour des Compétiteurs.

Le Sénat possède toute l'autorité judicative de la Chambre des Seigneurs, c'est-à-dire, tous les appels des Cours inférieures. Il nomme aussi le Chancelier & tous les Officiers de Justice.

Chaque Comté ou Province est

une espéce de République au dedans d'elle - même ; les Représentans peuvent faire des Loix particulieres pour le Pays, qui pourtant n'auront d'autorité que trois
mois après qu'elles auront été paffées. On enverra une Copie de la
Loi au Sénat & à toutes les autres
Provinces. Le Sénat, ou quelque
Province que ce soit, peut en tout
tems annuller toute Loi d'une autre Province.

Les Repréfentans ont toute l'autorité des Juges de Paix d'Angleterre dans les Procès, &c.

Les Magiftrats ont la nomination
de tous les Officiers employés à la
perception des revenus de l'Etat
dans chaque Comté. Toutes les
caufes qui regardent cette matiere,
fe portent en dernier reffort aux
Magiftrats. Ils arrêtent les comptes
des Officiers ; mais il faut que les

leurs propres foient examinés & paſſés à la fin de l'année par les Repréſentans.

Les Magiſtrats nomment les Miniſtres ou Recteurs de toutes les Paroiſſes.

On établira le Gouvernement Preſbytérien, & la plus haute Cour Eccléſiaſtique ſera une Aſſemblée ou Synode de tous les Prêtres de la Province †.

Les Magiſtrats peuvent ôter à cette Cour la connoiſſance de quelque cauſe que ce ſoit, & ſe la réſerver à eux-mêmes.

Les Magiſtats peuvent juger & dépoſer ou ſuſpendre quelque Prêtre que ce ſoit.

---

† Il en dit ailleurs la raiſon, & c'eſt la trop grande affinité entre la Monarchie & l'Epiſcopat.

Eſſais Philoſophiques.

La Milice fera établie à l'imitation de celle qui fe léve en Suiffe, fur laquelle nous n'infifterons pas, attendu qu'elle eft très-connue. Seulement il fera convenable d'y faire cette attention, qu'une Armée de vingt mille hommes foit tirée de tous les Citoyens de l'Etat, chacun à leur tour; qu'elle campe, & à cet effet, foit payée durant fix femaines en Eté, afin que le fervice d'un camp ne foit pas entierement inconnu.

Les Magiftrats nomment tous les Colonels & les Officiers au-deffous, le Sénat tous ceux au-deffus. Pendant la guerre, le Général nomme le Colonel & tout ce qui eft au-deffous, & fa commiffion eft bonne pour un an; mais après il faut que l'Officier foit confirmé par les Magiftrats de la Province à laquelle le Régiment appartient. Les Magiſtrats peuvent caſſer tout Officier dans le Régiment de leur Province. Le Sénat peut faire la même choſe à l'égard de quelque Officier que ce ſoit. Si les Magiſtrats ne jugent pas à propos de confirmer le choix du Général , ils peuvent nommer un autre Officier dans la place de celui qu'ils rejettent.

Tous les crimes ſont jugés dans la Province par les Magiſtrats & un Juré ; mais le Sénat peut arrêter toute procédure , & ſe ſaiſir de l'affaire.

Toute Province peut accuſer un Citoyen de tout état & de tout rang devant le Sénat pour quelque crime que ce ſoit.

Le Protecteur , les deux Secrétaires & le Conſeil d'Etat , avec cinq perſonnes de plus, nommées par le Sénat , auront dans les cas extraordinaires le pouvoir Dictatorial pour fix mois.

Le Protecteur peut faire grace à toute perfonne condamnée par les Cours inférieures.

En tems de guerre, aucun Officier de l'Armée ne peut, tant qu'il fert, poſſéder aucun Office civil dans la République.

La Capitale que nous appellerons Londres, peut avoir quatre Membres dans le Sénat ; ainſi elle peut être diviſée en quatre Provinces. Les Repréſentans de chacune deſquelles choiſiront un Sénateur & dix Magiſtrats. Il y aura donc dans la Ville quatre Sénateurs, quarante-quatre Magiſtrats, & quatre cens Repréſentans. Les Magiſtrats auront la même autorité que dans les Provinces, ainſi que les Repréſentans ; mais ils ne s'aſſemblent jamais dans une Cour générale : ils donneront

leur voix dans leur division particuliere de cent.

Lorsqu'ils passeront quelque Loi
particuliere pour la Ville, le plus
grand nombre des Comtés ou
Divisions déterminera la matiere.
Dans le cas où il y aura partage, le suffrage des Magistrats décidera.

Les Magistrats choisiront le Maire, les Sheriffs, le Greffier & les
autres Officiers de la Ville.

Dans la République, aucun Représentant, Magistrat ou Sénateur,
comme tel, n'aura de salaire. Le
Protecteur, les Secrétaires d'Etat,
les Conseils, les Ambassadeurs en
auront.

Dans la premiere année de chaque Siécle, on s'occupera à corriger tous les abus & toutes les iné-
galités que le tems aura pû produire dans la Représentation. Ceci doit

être

être exécuté par le Corps législatif.

Les Aphorismes Politiques qui suivent, peuvent expliquer la raison de ces ordres.

La sorte de Peuple la plus basse & les petits Propriétaires, sont assez bons Juges de quiconque n'est pas à une grande distance d'eux par le rang & par l'habitation : c'est pourquoi il est vrai-semblable que dans leurs Assemblées Paroissiales, ils choisiront pour leur Représentant le plus digne, ou celui qui est à peu près le plus digne. Mais ils ne sont aucunement propres pour les Assemblées de Province, & pour choisir les plus hauts Officiers de la République. Leur ignorance donne aux Grands les facilités de les tromper.

Dix mille hommes, quand même ils ne seroient pas choisis annuellement, font un fondement fuffifant pour tout Gouvernement libre. Il eft vrai que les Nobles en Pologne, font plus de dix mille, & que néanmoins ils oppriment le Peuple : mais comme là le pouvoir continue toûjours dans les mêmes perfonnes & dans les mêmes famil-les ; cela les rend en quelque forte une Nation différente du Peuple : outre que les Nobles font encore dans cette République unis fous quel-ques Chefs de familles.

Tous les Gouvernemens libres doivent être compofés de deux Confeils, d'un petit & d'un plus grand, ou ce qui eft la même chofe, d'un Sénat & du Peuple. Le Peu-ple, comme le remarque Harring-ton †, manqueroit de fageffe fans

---

† Ce font le foixante & feiziéme & le

le Sénat ; le Sénat fans le Peuple manqueroit de probité.

———————————————

foixante & dix-feptiéme de fes Aphorifmes Politiques : il confirme le premier par l'exemple des Vénitiens, qui ayant mis à mort plufieurs de leurs Doges, à caufe de leur tyrannie, & étant affemblés dans leur Grand-Confeil en fi grand nombre, qu'ils étoient naturellement incapables d'aucune Délibération, choifirent quarante Nobles qu'ils appellerent *Pregati*, parce qu'ils furent priés de fe retirer à part, pour examiner & propofer enfuite au Grand-Confeil, ce que dans la difficulté de cette conjoncture il y avoit à faire pour le bien de la République. Le Sénat, qu'on nomme encore aujourd'hui les *Pregati*, & le Grand-Confeil, c'eft-à-dire, le Sénat & l'Affemblée Populaire de Venife, viennent de-là, & de ces deux Confeils différens émanent tous ces ordres admirables de cette République.

Au quatre-vingt-dixiéme Aphorifme, il remarque judicieufement que les Républiques, qui, comme celle de Florence, fe font fait un principe de couper leurs Membres malades, se sont réduites elles-mêmes à un état d'impuissance & de ruine, que celles au contraire qui, comme Venise, ont eû pour maxime de les guérir, ont maintenu leur Constitution toûjours florissante.

HARRINGTON préféroit le Gouvernement de Venise à tous ceux du Monde entier. Il prétend qu'aucunes causes externes ou internes ne peuvent l'altérer, & va jusqu'à assûrer qu'il ne doit finir qu'avec le Genre humain. Aussi dans le Modele de sa République d'*Occéana* (il entend l'Angleterre), a-t-il adopté plusieurs Principes & usages Vénitiens. C'est d'après le Plan de celle ci, que M. HUME en le réformant en plusieurs choses, a tracé l'idée de la sienne. Il s'est écarté de ses principes, en l'appellant *parfaite*. La perfection n'appartient pas plus aux Ouvrages des hommes, qu'une durée éternelle, dont il avoue qu'ils ne sont pas susceptibles.

Ce même HARRINGTON se croyoit si sûr de son Principe: *Que la Balance du Pouvoir*

hommes, par exemple, pour repréfenter le Peuple, tombera dans le défordre, fi les débats y font permis ; s'il n'y font pas permis, le Sénat a fur le Peuple une négative, & la plus dangereufe efpece de négative, celle avant la réfolution.

Il y a donc ici un inconvénient auquel aucun Gouvernement n'a encore pleinement remédié, quoique la chofe me paroiffe très-facile. Si le Peuple débat, tout eft en confufion ; s'il ne débat pas, il ne peut plus que réfoudre, & alors le

---

dépend de celle de Propriété, qu'il ofa prononcer qu'il étoit impoffible de jamais rétablir la Monarchie en Angleterre ; mais à peine fon Livre fut-il publié, que Charles II. fut rappellé & rétabli fur fon Thrône. On peut peut-être tout calculer en Politique, excepté les effets du Fanatifme & de l'inconftance Populaire.

Sénat est le Maître. Divisez le Peuple en plusieurs Corps séparés, & alors ils pourront débattre en sûreté, & tout inconvénient paroît prévenu.

Le Cardinal DE RETZ dit que toute Assemblée nombreuse de quelque maniere qu'elle soit composée, n'est que pure populace gouvernée dans ses débats par le moindre motif. Nous trouvons ce fait confirmé tous les jours par l'expérience. Lorsqu'un Membre est frappé d'une absurdité, il la communique à son voisin ; elle passe ainsi de l'un à l'autre, jusqu'à ce que toute l'Assemblée en soit infectée. Séparez ce grand Corps, & quoique chaque Membre n'ait que le sens qui est à peu près ordinaire, il n'est pas probable qu'autre chose que la raison puisse prévaloir sur le tout.

Quand l'influence & l'exemple

n'auront pas lieu, le Bon sens triomphera toûjours de l'absurdité parmi un nombre de Peuple. Le Bon sens est un ; mais les folies sont sans nombre, & chaque homme en a une différente. La seule maniere de tenir un Peuple sage est de l'empêcher de s'unir en de grandes Assemblées.

Il y a deux choses contre lesquelles il faut se garder dans tout Sénat : sa combinaison & sa division. Sa combinaison est très-dangereuse, & nous avons pourvû à cet inconvénient par les remédes suivans : Premierement, le Peuple tient le Sénat dans une grande dépendance au moyen des Elections annuelles, faites, non par une populace ignorante & grossiere, telle que celle qui dispose des Elections en Angleterre, mais par des gens de fortune & d'éducation. Secondement, le

pouvoir qui leur eſt confié eſt très-
petit ; ils diſpoſent de peu d'Offices , preſque tous ſont donnés par
les Magiſtrats dans les Provinces.
Troiſiémement , la Cour des Compétiteurs les tiendra toûjours en
reſpect , attendu qu'elle eſt compo-
ſée d'Hommes qui ſont leurs Rivaux , & qui ayant le même objet ,
ſont mécontens de leur ſituation
préſente.

La diviſion du Sénat eſt prévenue : Premierement , parce que le
nombre des Sénateurs eſt petit. Secondement , comme une faction
ſuppoſe une combinaiſon pour un
intérêt ſéparé , elle eſt prévenue par
la dépendance où le Peuple les
tient. Troiſiémement , ils ont le
pouvoir de chaſſer tout Membre
factieux. Il eſt vrai que lorſqu'un
autre Membre arrive de ſa Province
avec le même eſprit , ils n'ont pas

le pouvoir de le chaſſer, & il n'eſt pas convenable qu'ils l'euſſent ; car cela montre que l'humeur eſt dans le Peuple, & vient probablement de quelque mauvaiſe conduite dans les affaires publiques. Quatriémement, on doit ſuppoſer que dans un Sénat ſi réguliérement choiſi, tout Homme eſt capable de quelque Office civil que ce ſoit. Il ſeroit donc avantageux pour le Sénat de former quelques réſolutions générales pour la diſpoſition des Offices parmi les Membres, leſquelles réſolutions cependant ne les aſtraindroient pas dans les tems critiques ; lorſque dans quelques Sénateurs, il y auroit d'un côté un mérite extraordinaire, & de l'autre une extraordinaire ſtupidité, mais elles ſuffiroient du moins pour prévenir la brigue & la faction, en donnant à la diſpoſition des Offices une forme

courante & réglée. Par exemple ,
qu'il y ait une réfolution que perfonne ne pourra poſséder aucun
Office, qu'il n'ait eû ſéance au Sénat
pendant quatre ans. Qu'excepté les
Ambaſſadeurs , aucun Homme ne
pourra être en Charge deux ans de
ſuite : qu'aucun Homme ne pourra
parvenir aux plus grandes Charges ,
que par les plus petites : qu'aucun
Homme ne ſera Protecteur deux
fois. C'eſt par de ſemblables régles
que le Sénat de Veniſe ſe gouverne.

Dans les affaires du dehors, l'intérêt du Sénat ne peut preſque pas
être ſéparé de celui du Peuple ;
c'eſt pourquoi il eſt convenable de
rendre à cet égard le Sénat abſolu,
autrement il n'y auroit ni ſecret ,
ni rafinement dans la Politique.
D'ailleurs aucune alliance ne peut
avoir lieu ſans argent , & le Sénat

est suffisamment dans la dépendance. Outre que le Pouvoir législatif,
étant toûjours supérieur à l'exécutif, les Magistrats ou les Représentans peuvent interposer leur autorité toutes les fois qu'ils le jugent à
propos.

Le principal soûtien du Gouvernement Anglois, est l'opposition
d'intérêt ; mais ce moyen, quoique
avantageux dans le principal, engendre des factions sans fin. Dans
le plan précédent la même cause
produit tout le bien, sans opérer
aucun mal. Les Compétiteurs n'ont
aucun pouvoir de contrôler le Sénat : ils ont seulement le pouvoir
d'accuser , & d'en appeller au Peuple.

Il est également nécessaire de
prévenir la combinaison & la division des mille Magistrats. C'est à
quoi il est pourvû suffisamment par

la séparation d'habitations & d'intérêts.

Mais dans le cas où cette précaution seroit insuffisante, la dépendance où ils sont des dix mille
pour leur élection, conduit à la même fin.

Ce n'est pas tout ; car les dix
mille peuvent reprendre leur pouvoir toutes les fois que bon leur
semble, & non - seulement quand
bon leur semble, mais encore lorsque seulement cinq de cent l'exige-
ront ; ce qui doit arriver au premier
soupçon d'un intérêt séparé.

Les dix mille font un Corps trop
considérable pour s'unir ou se diviser, excepté le cas où il seroit as-
semblé dans un seul lieu, & seroit
subjugué par d'ambitieux Chefs de
Parti. C'est encore un frein que leur
Election annuelle par presque tout
le Corps du Peuple.

Une petite République est au-dedans d'elle-même le plus heureux Gouvernement du Monde, parce que chaque chose est sous les yeux de ceux qui sont à la tête des affaires, mais elle peut être aisément subjuguée par une grande force du dehors. Ce plan paroît avoir tous les avantages d'une grande & d'une petite République.

Toute Loi particuliere de Province peut être annullée par le Sénat, ou par une autre Province, parce qu'il peut y avoir une opposition d'intérêts ; dans lequel cas aucune partie ne doit décider par elle-même. La matiere doit être remise au jugement de la Nation, qui déterminera mieux ce qui s'accorde avec l'intérêt général.

A l'égard du Clergé & de la Milice, les raisons de ce que l'on a réglé sur l'un & l'autre article sont senfibles. C'est une folie de penser qu'aucun Gouvernement libre puisse être assûré & stable, sans Milice & sans faire dépendre le Clergé du Magistrat Civil.

Dans plusieurs Gouvernemens, les Magistrats inférieurs n'ont d'autre récompense que celle que leur procure leur ambition, leur vanité, ou leur amour du bien public. Les Gages des Juges en France, sont au-dessous de l'intérêt des sommes qu'ils payent pour leurs Charges. Les Bourgmestres Hollandois n'ont guère plus de profit immédiat que les Juges de Paix d'Angleterre, ou que n'en avoient anciennement les Membres de la Chambre des Communes. Mais de peur qu'on ne soupçonne que cela n'engendre de la négligence dans l'administration, ce qui n'est guère à craindre vû l'ambition naturelle du Genre humain , donnons aux Magiſtrats des Gages ſuffiſans. Les Sénateurs peuvent parvenir à tant de places honorables & lucratives , qu'il n'eſt pas néceſſaire d'acheter leur ſervice. Celui des Repréſentans eſt trop peu de choſe pour leur être à charge.

On ne peut douter que ce plan de Gouvernement ne ſoit praticable , quand on conſidérera la reſſemblance qu'il a avec la République des Provinces-Unies , autrefois l'un des plus ſages & des plus fameux Gouvernemens qui aient jamais été dans le monde. Les changemens que l'on a faits dans ce plan-ci , ſont évidemment pour le mieux : Premierement , la Repréſentation eſt plus égale. Secondement , le pouvoir illimité des Bourgmeſtres dans les Villes , qui forme une parfaite Ariſtocratie dans la République de Hollande , eſt corrigé par une Démocratie fagement tempérée, en donnant au Peuple l'élection annuelle des Repréfentans de la Province. Troifiémement, on fupprime ici la négative que chaque Province & chaque Ville a fur le Corps entier de la République de Hollande, à l'égard des alliances, de la paix, de la guerre & des impofitions des Taxes. Quatriémement, les Provinces dans notre plan ne font pas fi indépendantes l'une de l'autre, & ne forment pas tant de Corps féparés que dans les fept Provinces, où le Gouvernement a été fouvent troublé par la jaloufie & l'envie des Provinces ou des Villes les plus petites contre les plus grandes, particulierement contre la Hollande & Amfterdam. Cinquiémement, le Sénat fans avoir la faculté d'en abufer, eft revêtu de pouvoirs plus étendus que les Etats

Généraux, & par ce moyen le premier peut devenir plus expéditif & plus secret dans ses résolutions, que cela n'est possible aux derniers.

Les principaux changemens que l'on pourroit faire au Gouvernement Anglois pour le porter au plus parfait modele d'une Monarchie limitée paroissent être les suivans †.

---

† M. H u m e, dans ses *Essais Moraux & Philosophiques*, a plus d'une fois discuté les avantages & les inconvéniens du Gouvernement Anglois, & les moyens d'augmenter les uns & de diminuer les autres. Dans l'*Essai* I X. il examine si sa Constitution présente panche plus du côté de la Monarchie absolue, ou du côté de la République. Après avoir pesé mûrement les raisons de part & d'autre, il assûre qu'à moins qu'il n'arrive quelque convulsion extraordinaire, le pouvoir de la Couronne ne peut plus qu'augmenter, quoiqu'il avoue que ses progrès sont très-lents & presque insensibles.

Premierement, il faudroit rétablir

Le torrent pendant long - tems entraînoit avec affez de rapidité les Anglois au Gouvernement populaire : il commence à préfent à les porter vers la Monarchie. Je ne fais fi ce fait s'accorde avec le changement confidérable que , comme il le dit lui-même , le progrès des Sciences & de la Liberté ont opéré depuis cinquante ans dans les opinions des hommes , & avec l'aveu qu'il fait , que fi au tems de la Révolution les Anglois euffent été dans la même difpofition qu'ils font aujourd'hui , la Monarchie eût couru grand rifque d'être entierement détruite dans cette Ifle. Cette derniere Réflexion femble annoncer du moins le vœu des Anglois, fi ce n'eft pas celui de l'Auteur. Avec cela , comme tout Gouvernement doit finir , & que la mort eft auffi inévitable pour le Corps Politique , que pour le Corps Animal, il examine lequel genre de mort feroit plus défirable pour la Conftitution Angloife , & s'il lui feroit plus avantageux de finir par un Gouvernement populaire , ou par une Monarchie abfolue.

le plan du Parlement Républicain,

***

Là il déclare ouvertement, que quoique la Liberté soit infiniment préférable à l'Esclavage dans presque tous les cas ; cependant il aimeroit mieux voir un Monarque absolu, qu'une République dans cette Isle : » Car » examinons, dit-il, quelle sorte de Répu- » blique nous pourrions avoir. Il n'est pas » ici question de ces Républiques imaginai- » res, dont un Homme peut former le plan » dans son Cabinet ; il n'y a pas de doute » qu'on ne puisse imaginer un Gouverne- » ment populaire plus parfait qu'une Mo- » narchie absolue, ou même que notre » Constitution présente. Mais quelle raison » avons-nous d'espérer qu'un pareil Gouver- » nement puisse être établi dans cette Isle à » la dissolution de notre Monarchie ? Si » une seule personne acquiere assez de pou- » voir pour renverser notre Constitution, » c'est réellement un Monarque absolu, & » nous avons déja eu un exemple de cette » espéce, qui suffit pour nous convaincre » qu'une telle personne ne se démettra pas » de son pouvoir pour établir un Gouver-

en rendant la repréſentation égale,

» nement libre : ſi ſuivant notre Conſtitu-
» tion préſente, la Chambre des Commu-
» nes, dans un pareil Gouvernement popu-
» laire, demeure entiérement la Maîtreſſe,
» les inconvéniens qui réſultent d'une pa-
» reille ſituation d'affaires, ſe préſentent par
» milliers. Si la Chambre des Communes ſe
» diſſout elle-même en pareil cas, ce que
» l'on ne doit pas eſpérer, il faut à chaque
» Election nous attendre à une guerre ci-
» vile : ſi elle ſe continue, nous ſouffrirons
» toute la tyrannie d'une Faction ſubdiviſée
» en nouvelles factions, & comme un Gou-
» vernement ſi violent ne peut ſubſiſter
» long-tems, à la fin, après beaucoup de
» convulſions & de guerres civiles, nous
» trouverons notre repos dans une Monar-
» chie abſolue, qu'il eût été plus heureux
» pour nous d'avoir établi tranquillement
» dès le commencement. La Monarchie ab-
» ſolue eſt donc la mort la plus aiſée de
» la Conſtitution du Gouvernement An-
» glois. «

Je ne ſais ſi M. HUME eſt bien d'ac-

& en ne permettant pas de voter

---

cord avec lui-même, lorsque ailleurs il dit (*Essai V. des Principes du Gouvernement*) que la Cour a une grande influence sur le Corps Représentatif de la Nation, qu'elle l'exerce tous les sept ans à l'Election des Membres qui le composent ; mais que si elle vouloit employer cette même influence à chaque Acte particulier qu'il lui plairoit de faire passer (ce qui peut-être est arrivé plus d'une fois, ce qui du moins n'est pas impossible) que cette influence seroit bientôt perdue sans ressource, & que toute l'habileté possible & tout le revenu même de la Couronne ne pourroient plus la soûtenir ; que par conséquent il est d'avis qu'une altération en ce point particulier, en introduiroit une totale dans le Gouvernement Anglois, & le réduiroit bientôt à une pure République. Il ne la trouve pas ici si difficile à établir ; il prétend même qu'elle pourroit être d'une forme assez avantageuse : » Car quoique, dit-il, le Peuple rassemblé en Corps, comme les Tribus Romaines, ne soit pas capable de Gouver-

aux Élections de Province à quiconque n'a pas cent livres sterling par an. Secondement, comme une pareille Chambre auroit trop de

----

» nement ; cependant lorsqu'il est dispersé
» en petit Corps il est plus susceptible de
» raison & d'ordre : la force des torrens
» populaires est rompue en quelque degré ,
» & il peut par ce moyen suivre le bien
» public avec méthode & constance. «

Si le Gouvernement Anglois incline, comme on le dit, du côté de la Monarchie, je soupçonnerois la plus grande partie de ceux qui en ont écrit d'avoir du penchant pour la forme Républicaine· Quoi qu'il en soit, des contradictions , telles que celles que je viens de relever, si c'en sont, ne doivent pas étonner de la part des meilleurs Auteurs, quand ils traitent de pareilles matieres ; elles sont pour le moins aussi délicates que difficiles. D'ordinaire ni on ne dit tout ce qu'on pense , ni on ne pense tout ce qu'on dit. On veut bien être deviné , mais on ne veut pas se compromettre.

poids pour une Chambre des Seigneurs aussi foible que l'est celle d'aujourd'hui, il faut en retrancher les Evêques & les Pairs d'Ecosse, dont la conduite dans les précédens Parlemens a entiérement détruit l'autorité de cette Chambre. Le nombre des Membres de la Chambre haute doit être porté à trois ou quatre cens. Leurs places ne doivent pas être héréditaires, mais pour la vie : il faut qu'ils foient choisis par leurs propres Membres, & il ne devroit être permis à aucun Membre de la Chambre des Communes, de refufer à celle des Seigneurs une place qui lui feroit offerte. Celle-ci par ce moyen feroit entiérement compofée des Hommes qui auroient le plus de capacité, de crédit & d'intérêt dans la Nation. Tout Chef de Parti turbulent de la Chambre des Communes en pourroit être tiré & lié d'intérêt avec celle des Pairs. Une telle Aristocratie seroit une excellente barriere pour & contre la Monarchie. A présent la balance de notre Gouvernement dépend en quelque degré de l'habileté & de la conduite du Souverain qui sont des circonstances variables & incertaines.

J'avoue que ce plan de Monarchie limitée, quoique corrigé, est encore sujet à de grands inconvéniens. Premierement, quoiqu'il puisse modérer, il ne détruit pas entiérement les factions opposées de la Cour & du Peuple. Secondement, le caractère personnel du Roi conserve toûjours une grande influence sur le Gouvernement. Troisiémement, l'épée est dans les mains d'une seule personne qui négligera toûjours de discipliner la
Milice

Milice pour avoir un prétexte à garder une Armée fur pié. Il eft évident que cet article-ci eft une maladie mortelle da⟨ ⟩ le Gouvernement Anglois, dont il faut qu'à la fin il périffe infailliblement. Je dois pourtant avouer que la Suede paroît en quelque forte avoir remédié à cet inconvénient, & avoir une Milice avec fa Monarchie limitée, auffi-bien qu'une Armée fur pié, qui n'eft pas auffi dangereufe que celle d'Angleterre.

Nous conclurons ce fujet en obfervant la fauffeté de l'opinion commune, qu'aucun grand Etat, comme la France ou l'Angleterre, ne peut être réduit en République, mais qu'une pareille forme de Gouvernement ne peut avoir lieu que dans une Ville, ou dans un petit Territoire. Le contraire paroît évident ; quoiqu'il foit plus difficile de former un Gouvernement Républicain dans un Pays étendu, que dans une Ville, il y a plus de facilité, lorsqu'il eſt une fois établi, de le maintenir ferme & uniforme dans le premier cas, que dans le ſecond. Il n'eſt pas aiſé pour les parties éloignées d'un grand Etat, de ſe combiner pour concourir à un plan de Gouvernement libre ; au contraire, elles s'accordent aiſément à eſtimer & reſpecter une perſonne particuliere, qui par les moyens de cette faveur populaire, peut s'emparer du pouvoir, & forçant les plus obſtinés à ſe ſoûmettre, établir un Gouvernement Monarchique.

D'un autre côté, une Ville concourt avec plaiſir dans les mêmes notions de Gouvernement ; l'égalité naturelle des biens favoriſe la Liberté, & le voiſinage d'habitation met les Citoyens à portée de s'affifter mutuellement l'un l'autre. Même fous les Princes abfolus, le Gouvernement fubordonné des Villes eft communément Républicain, tandis que celui des Provinces eft Monarchique. Mais les mêmes circonftances qui facilitent l'érection des Républiques dans les Villes, rendent leur Conftitution plus fragile & plus incertaine.

Les Démocraties font turbulentes ; car quoique le Peuple puiffe être féparé ou divifé en petites parties, foit pour les Elections, foit pour délibérer des affaires de la République, le voifinage des habitations dans une Ville rendra toûjours très - fenfible la force des torrens populaires. Les Ariftocraties conviennent mieux à la paix & à l'ordre, & conféquemment ont été plus admirées par les anciens Auteurs, mais ces avantages font achetés par la jalousie & l'oppression qu'elles exercent. Dans un grand Gouvernement que des hommes également habiles & sages auroient formé & établi, il y auroit assez de place pour perfectionner la Démocratie, depuis le Peuple le plus bas qui peut être admis aux premieres Elections, qui font comme la premiere composition de la République, jusqu'aux plus hauts Magistrats qui en dirigent tous les ressorts. En même tems les parties en font si distantes & si éloignées, qu'il est très-difficile, soit par intrigue, par préjugé ou par passion, de les précipiter dans des mesures contre l'intérêt public.

Il est inutile de chercher si un pareil Gouvernement seroit immortel. Je conviens de la justesse de l'exclamation du Poëte, sur les projets sans fin de la race humaine :

Homme & pour toûjours ! Le Monde lui - même probablement n'est pas immortel. Il peut arriver des plaies si fatales , que même un parfait Gouvernement qu'elles auroient altéré , deviendroit la foible proie de ses voisins. Nous ne savons pas jusqu'où l'enthousiasme , ou quelque autre mouvement extraordinaire de l'esprit , peut transporter les hommes, au préjudice de tout ordre & du bien public ? Où la différence d'intérêt cesse , la faveur ou l'inimitié donnent souvent naissance à des factions capricieuses , & dont il est impossible de rendre compte. La roüille peut s'attacher aux ressorts les plus exacts de la machine politique , & le désordre s'ensuivre dans tous ses mouvemens.

Enfin de grandes conquêtes , si elles sont suivies, deviennent nécessairement la ruine de tout Gouvernement libre, du Gouvernement même le plus parfait, plutôt que de l'imparfait, & précisément à cause des avantages que le premier posséde au-dessus du dernier : & quoiqu'un pareil Etat doive établir une Loi fondamentale contre les conquêtes ; cependant les Républiques ont de l'ambition, aussi-bien que les Particuliers, & l'intérêt présent fait que les hommes oublient leur postérité. C'est un encouragement suffisant pour les efforts humains, qu'un pareil Gouvernement fleuriroit plusieurs Siécles, sans prétendre donner à aucun Ouvrage humain cette immortalité que le Tout-puissant paroît avoir refusée à ses propres Ouvrages.

Fin des Discours Politiques.

NOTICE

DE QUELQUES-UNS DES
Principaux Ouvrages Anglois
fur le Commerce.

SIr *WALTER RALEIGH's*
Obſervations on Trade.

Je place ces Obſervations à la
tête des Ouvrages Anglois ſur le
Commerce, comme la ſource où
pluſieurs de ceux qui en ont écrit
ont puiſé. On doit compter l'Auteur au rang des illuſtres Malheureux ; il n'a péri ſur un échaffaud
que pour avoir manqué une entre-
priſe qui devoit procurer de grandes richeſſes à ſa Nation. S'il eût

apporté de l'Amérique l'or qu'il y avoit été chercher, il eût été trouvé innocent.

R O B E R T's Map of Commerce. (La Carte du Commerce par M. R O B E R T.)

Ce Livre, le fruit d'un grand travail & de beaucoup d'expérience, est conforme à son Titre. On y trouve des vûes générales sur le sujet qui y est traité, & il ne laisse pas d'être bon à consulter pour les cas particuliers qui peuvent se présenter.

England's Treasure by Forraign Trade, &c. Written by T H O M A S M U N.

Cet Ouvrage que M. M u n, un riche & célébre Négociant de Londres (*a*), homme qui avoit autant

____

(*a*) La réputation de M. M u n étoit si

de

de sagacité d'esprit, que de con-
noiffance, a compofé pour l'inftruc-
tion de fon Fils il y a près d'un
Siécle, a été publié par ce Fils
après la mort du Pere en 1664.
Il a depuis été traduit en François,
fous ce Titre : *Traité du Commerce,
dans lequel on trouvera les moyens dont
on peut légitimement fe fervir pour s'en-*

---

grande de fon tems que Ferdinand I. Grand
Duc de Tofcane, qui étant fort riche en
argent, cherchoit à l'employer pour augmenter le Commerce de fes Sujets, en prê-
tant de grandes fommes à fes Négocians
pour de très-petits profits, en avança une
de quarante mille écus *gratis* pour un an
entier à M. M u n, quoiqu'il fût fûr que
ce Négociant Anglois devoit l'envoyer auffi-
tôt en efpéce en Turquie, où elle feroit
employée à payer des marchandifes que M.
M u n rapporteroit dans fes Etats, étant bien
convaincu que dans ce trafic cet argent y
rentreroît avec intérêt.

richir. C'eſt le premier de cette eſpéce où il y ait des idées politiques. L'Auteur, comme je l'ai remarqué ailleurs, a de plus eu le
courage d'attaquer des préjugés
preſque univerſellement reçus. Ces
Maximes, qui éparſes en petit nombre dans les Livres modernes ſur le
Commerce, y brillent comme de
nouvelles découvertes, ſe trouvent
la plûpart dans le ſien liées les unes
aux autres, comme un Corps de
principes & de conſéquences ; c'eſt
peut-être de tous ceux qui traitent
de la même matiere, celui où il y
a le moins d'erreurs & le plus de
vérités ſolides.

On ne peut douter que M.
HUME ne l'ait conſulté ; car les
Principes de l'un & de l'autre
ſont à peu près les mêmes, ſur les
points capitaux du Commerce, ſur
la valeur réelle de l'Argent, & ſur

les causes qui le font entrer ou sortir dans un Etat.

Some Considerations of the consequences, of the Lowering, of Interest, and Raising, the Value, of Money, &c. By M. *JOHN LOCKE.* (Considérations sur les conséquences de la Réduction des Rentes & de l'augmentation de la Valeur des Espéces.) Le nom de l'Auteur est un garant sûr du mérite de l'Ouvrage.

Je le place au rang de ceux qui ont été écrits sur le Commerce, parce que comme le dit M. LOCKE lui-même, l'Argent & le Commerce sont inséparables. M. DU PRÉ DE SAINT-MAUR, qui nous a donné il y a quelques années un *Essai sur les Monnoies, & sur le Rapport entre l'Argent & les Denrées,* s'est fait gloire d'adopter les Principes de l'Auteur Anglois, qu'il a fait servir de base aux Notions préliminaires d'un Livre rempli de Recherches également curieuſes & utiles.

KAUGHTON of Trade. M. Kaughton étoit un Apothicaire, homme d'eſprit & grand Faiſeur de Projets. Il lui eſt arrivé ce qui arrive à tous ceux qui donnent carriere à leur imagination, c'eſt de ſe tromper ſouvent, quoiqu'il paroiſſe toûjours bien perſuadé qu'il a raiſon. En général il eſt ſuperficiel, & ſur-tout lorſqu'il s'efforce d'être profond. Malgré cela, ſi ſon Ouvrage eſt ſingulier, il ne laiſſe pas d'être agréable & inſtructif, & par conſéquent n'eſt point à mépriſer. C'eſt un grand magaſin de faits qu'on ne trouve nulle autre part. Le Principe ſur lequel il établit ſon ſyſtème eſt qu'un ſentiment de beſoins eſt une ſource d'abondance, & que par conſéquent plus on peut

fuggérer, pour ainſi dire, de be-
foins nouveaux, plus ſi on y réuſſit,
on fera naître d'abondance. C'eſt
aſſûrément de ce principe que ſont
partis ceux qui ont établi le beſoin
du Tabac, denrée ſi peu néceſſaire
par elle-même, & dont l'uſage devenu univerſel par toute l'Europe,
a ſi prodigieuſement augmenté les
revenus des Souverains. Ce Principe revient à peu près à la Maxime des Financiers, que M. HUME
examine Diſcours VII. *Qu'une nouvelle Taxe fait naître une nouvelle induſtrie pour la ſupporter, &c.*

*D*ʳ. *PAXTON's Diſcourſe of
Trade.* (Diſcours ſur le Commerce
du Docteur PAXTON.)

Cet Auteur eſt un homme d'eſprit qui donne un air aſſez vrai-
ſemblable à tout ce qu'il avance ;
mais il y a dans ſon Ouvrage un
grand mélange de vérités & de

menſonges, de bon ſens & d'in-
conſéquence, ce qui fait qu'il eſt
trop eſtimé par les uns & trop mé-
priſé par les autres.

BRITISH MERCHANT.
(Le Négociant Anglois.)

Ce Livre expoſe la maniere dont
penſent en Angleterre ceux qu'on
appelloit autrefois les *Whigs*, & que
l'on nomme aujourd'hui le Parti de
la Cour. Comme il renferme une
quantité de choſes très-utiles, il y
eſt en très-haute eſtime. Pluſieurs
perſonnes des plus habiles de ce
tems-là y ont eu part : mais les plus
grands Hommes dans leur genre
font encore quelquefois de grandes
fautes. On en reproche une conſidérable au *Négociant Anglois* ;
c'eſt de ſuppoſer trop aiſément que
la prohibition du Commerce de
l'Angleterre, avec quelque Nation, doive néceſſairement deve-

nir fatale à celui de cette Nation qu'elle veut faire tomber. Ce Livre d'ailleurs contient d'excellens principes, & fait sentir toute l'importance du Commerce & de ses branches infinies ; c'est la connoissance de ces détails particuliers, dont l'étude est immense, qui, à proprement parler, constitue la science du Commerce. L'Auteur à qui nous devons les *Elémens du Commerce*, nous avoit donné quelque tems auparavant une Traduction du *Négociant Anglois*, & nous lui avons de plus l'obligation d'avoir relevé quelques erreurs de l'Original.

Dr. DAVENANT's Report, &c.

Cet Ouvrage de M. DAVENANT, qui fut peut-être trop censuré lorsqu'il parut pour la premiere fois, est aujourd'hui d'une grande autorité en Angleterre. Il s'y étoit proposé pour objet de faire voir que le Commerce de cette Nation devenoit plus étendu par la Paix d'Utrecht. Parmi les moyens qu'il a employés pour le prouver, il a communiqué au Public une quantité de faits, dont la connoissance est de la plus grande importance pour le Commerce. C'est à cet Auteur que l'on doit la perfection de l'Arithmétique Politique, dont M. GUILLAUME PETTY est l'Inventeur. On peut regarder cette Science comme celle qui fait les habiles Ministres, & sans laquelle il n'est pas possible de bien conduire les affaires, soit dans la Paix, soit dans la Guerre.

Sir **JOSIAH CHILD** est un Négociant Anglois qui avoit fait une fortune immense par son Commerce, & dont les Descendans ont depuis été créés Comtes & Vicomtes. Il paſſe aujourd'hui pour le plus habile de ceux qui ont écrit ſur cet objet important, quoiqu'on ne lui ait pas d'abord rendu cette juſtice. Son Ouvrage n'eſt à préſent ſi eſti-mé, que parce qu'il eſt mieux en-tendu qu'il ne l'étoit alors. Il y ré-gne un grand ſens, & la connoiſſan-ce la plus profonde de la matiere qu'il traite. Ceux qui l'étudieront avec ſoin, ſont ſûrs d'y trouver les Rudimens de cette Science, dont l'objet eſt de rendre un Pays riche & le Peuple qui l'habite heureux. J'apprens, avec plaiſir, que ce *Thré-ſor*, car c'eſt ainſi que les Anglois appellent ſon Livre, ne tardera pas à nous être ouvert par une Traduc-tion Françoiſe, qui eſt ſous Preſſe, & dont j'ai entendu parler avec éloge. Il eſt certainement digne de la curioſité de ceux qui font un aſſez bon uſage de leur eſprit, pour

s'occuper des matieres qui intéref-
fent le plus la Société.

The Trade and Navigation of Great-
Britain by **JOSHUA GÉE.**

Cet Anglois étoit un Quaker
Négociant, dont l'Ouvrage en a
d'abord beaucoup impofé, & eft encore en grande eftime parmi les
Gens fuperficiels, parce qu'il donne
une idée générale affez jufte du
Commerce de fa Nation : ce qu'il y
a de fingulier, c'eft qu'après avoir
prouvé que l'Angleterre fait le plus
grand Commerce, ce bon Quaker
fe défefpere vraiment de ce qu'elle
ne fait pas feule le Commerce de
toute l'Europe. Il prétend même
prouver qu'elle auroit de quoi le
faire.

Aléxandre lui-même n'avoit pas
à beaucoup près l'ame auffi ambi-
tieufe que plufieurs des Négocians
Anglois ; il en eft qui, quand même

ils feroient, non-seulement le Commerce de tout le Monde connu, mais, s'il étoit possible, le Commerce de tous les Mondes que Dieu a faits, au lieu de le remercier de celui dont ils joüiroient, continueroient à se plaindre & en demanderoient encore davantage. Tel est l'Esprit qui regne dans l'Ouvrage de M. Joshua Gée ; c'est le Recueil de différens Mémoires qu'il avoit présentés lui-même au Gouvernement pour augmenter le Commerce d'Angleterre, & sur-tout celui de ses Colonies qu'il paroît avoir très-bien entendu. Il est avantageux à une Nation d'avoir des Négocians ardens, & qui témoignent autant de zèle pour le bien public, quoique l'intérêt particulier soit communément ce qui les échauffe le plus ; mais il peut être dangereux pour des Ministres d'écouter trop ce zèle, qui souvent est indiscret. Le Parlement d'Angleterre lui-même en a fait plus d'une fois l'épreuve. Quoi qu'en dise M. GÉE, lorsqu'on voudra en Angleterre interdire absolument l'entrée de toutes les Denrées de France, notre Gouvernement usera de représailles, & les Anglois seront ceux qui en souffriront le plus ; ils n'en ont point qui soient pour nous de nécessité absolue, & la richesse de notre climat en produit dont, moralement parlant, ils ne peuvent se passer.

OUVRAGES

SUR LE COMMERCE,

les Finances, &c. cités dans les Notes fur les DISCOURS de M. HUME, & qui ont paru en France depuis deux ans.

THéorie & Pratique du Commerce & de la Marine, Traduction libre fur l'Efpagnol de Don GERONYMO DE UZTARIZ. A Paris chez la Veuve Eftienne & Fils, rue Saint Jacques, à la Vertu, M. DCC. LIII.

Le Titre du Livre en annonce l'importance, & il le remplit. Tout excellent qu'il eft, il s'en faut beaucoup pourtant qu'il foit auffi connu en France qu'il mérite de l'être.

Ceux que nous regardons comme nos Maîtres en cette partie , les Anglois eux-mêmes ont trouvé de quoi s'inftruire dans les fages Réflexions de cet Auteur Efpagnol. Il a eu en pour objet le bien de fa Patrie; il a occupé des Places qui le mettoient à portée de le connoître. Il a vû les chofes en Grand , en Homme d'Etat. Il aduit les effets des caufes. Il remonte à la fource du mal quel qu'il foit, & il en indique le reméde. En fe plaignant , comme le Cardinal ALBÉRONI, de la prodigieufe diminution de la Puiffance d'Efpagne , & de la Dépopulation de cette vafte Monarchie ; il attribue moins ce malheur à la Découverte des Indes , & à l'expulfion des Maures, qu'à la mauvaife Adminiftration des Finances , qui a fait tomber les Manufactures & abandonner la Culture des Terres. Ce n'est pas seulement par attachement pour son Pays, c'est parce qu'il le connoît mieux que ce Ministre étranger, qu'il réfute le préjugé où l'on est sur l'excessive paresse & le peu d'industrie des Espagnols. En faisant voir ce qu'ils ont été autrefois, il prouve ce qu'ils pourroient être encore, si suivant ses principes on rémédioit petit à petit à ce que l'Etat a souffert par une longue suite de mauvaises Administrations. Et que ne doit-on pas se promettre en effet, soit de la sagesse du Prince qui regne aujourd'hui, soit du zèle & de l'habileté de son Ministre !

Rétablissement des Manufactures & du Commerce d'Espagne, traduit de l'Espagnol de Don B E R N A R D O D E U L L O A', dédié à PHILIPPE *V. & publié à Madrid en 1740. imprimé à Amsterdam, & se trouve à*

Paris chez les Freres Eſtienne, rue Saint Jacques, M. DCC. LIII.

M. DE DANGEUL avant que de publier ſes propres Réflexions ſur le Commerce de France & ſur celui d'Angleterre avoit prouvé par cette Traduction ſon goût pour les Ouvrages dont le bien public eſt l'objet. Celui-ci peut être regardé en quelque ſorte comme un Commentaire & un Supplément du précédent, & méritoit d'autant plus de paroître en notre Langue, que, ſuivant la ſage Réflexion du Traducteur, ce que Don BERNARDO DE ULLOA dit ſur les Doüanes intérieures & ſur les Droits d'entrée & de ſortie d'Eſpagne, n'eſt pas ſi particuliérement propre à ce Royaume, qu'une autre Nation n'en pût faire ſon profit par de ſages applications.

Le Négociant Anglois, ou Traduc-
tion

tion libre du Livre intitulé : THE BRITISH MERCHANT, *contenant divers Mémoires sur le Commerce de l'Angleterre avec la France, le Portugal & l'Espagne, publié pour la premiere fois en 1713.* (deux Volumes) *imprimé à Dresde, & se vend à Paris chez les Freres Estienne, rue Saint Jacques, à la Vertu,* M. DCC. LIII.

J'ai parlé ailleurs du mérite de cet Ouvrage. Il me reste à dire que le Traducteur est le même à qui nous devons celui de Don GERONYMO DE UZTARIZ. S'il ne permet pas de le nommer, il ne peut pas empêcher qu'on ne dise que sa modestie n'est pas moins à louer que ses talens, puisqu'il garde l'Anonyme en rendant les plus grands services à sa Patrie.

Essai Historique sur les différentes situations de la France par rapport aux

Finances sous le Regne de LOUIS XIV. *& la Régence du Duc d'Orléans, par* M. DEON DE BEAUMONT. *A Amsterdam* (Paris) *aux dépens de la Compagnie,* M. DCC. LIII.

Le jeune Homme qui a cherché à se faire connoître par cet Ouvrage n'a point approfondi les causes, & s'est contenté d'écrire les faits. Il a puisé dans les bonnes sources les Eloges & les Critiques qu'il fait des différens Ministres, qui ont régi les Finances pendant cette longue suite d'années. Son objet principal est de prouver que si dans les tems où la France pouvoit prévoir qu'elle auroit de longues & fâcheuses guerres à soûtenir, elle avoit pris des mesures pour ne pas laisser grossir & perpétuer les charges qu'elle étoit obligée d'imposer sur l'Etat, & les Dettes que le Roi étoit forcé de contracter, elle n'auroit ni épuisé les Sujets & les Finances, ni détruit, comme elle a fait par degrés, son Crédit public & particulier : mais que malheureusement le Gouvernement n'ayant jamais songé qu'au présent, sans se mettre en peine de l'avenir, le mal s'est accru de Ministre en Ministre, & que le dernier en Place a toûjours été occupé à étayer plutôt l'édifice, qu'à le rétablir sur des fondemens solides. L'Essai finit par ce que l'Auteur appelle une ébauche du Portrait d'un vrai Ministre des Finances (a), qui doit toûjours penser,

----

(a) Quelque beau que soit le Portrait que M. le Duc DE SULLY a tracé d'un Ministre des Finances, comme il s'y est peint lui-même, on ne peut nier que ce Portrait ne se sente de ce que ses Maximes & ses Mœurs ont eu de trop outré sur plusieurs choses, & spécialement sur le Luxe.

dit-il, qu'il eſt celui ſur lequel les Peuples ont le plus les yeux ouverts ; qu'il eſt proprement le Pere, le Juge & l'Econome du Royaume ; qu'il eſt, pour ainſi dire, l'Arbitre des Fortunes, & qu'il réunit en lui ſeul les voeux, les eſpérances & ſur-tout la confiance de tous les Sujets. Après avoir achevé ce Portrait, il ajoûte qu'il n'eſt point imaginaire, & que les exemples du paſſé & du préſent lui en ont fourni les traits. On reconnoît en effet qu'il les a empruntés de M. COLBERT, & d'un Miniſtre qu'on ſe hâte de nommer ſans qu'il le déſi-

---

Tout ce qu'il y a à dire ſur ce ſujet, me paroît renfermé dans les quatre qualités que le Cardinal DE RICHELIEU exige pour rendre un Homme digne d'entrer dans les Conſeils du Roi, qui ſont la Capacité, l'Application, la Fidélité & la Fermeté.

gne & qui devient tous les jours plus cher à la France.

Differtation fur l'Etat du Commerce en France, fous les Rois de la premiere & de la feconde Race, qui a remporté le Prix au Jugement de l'Académie des Sciences, Belles Lettres & Arts d'A- miens en l'année 1752. par M. l'Abbé C A R L I E R. A Amiens chez la Veuve Godart, & fe vend à Paris chez Lambert, &c. M. DCC. LIII.

On ne peut trop louer un Auteur qui fait paroître autant d'érudition, de l'avoir tournée du côté d'un ob- jet auffi intéreffant & auffi utile. Il partagera avec l'Académie d'Amiens le mérite qu'elle a d'avoir, pour ainfi dire, ouvert cette nouvelle carriere aux Gens de Lettres. Le Prix qu'elle a propofé pour l'An- née derniere (*a*), prouve encore

---

(*a*) *Quelles font les différentes qualités de*

plus l'application de cette Compagnie aux Objets du Commerce. L'encouragement qu'elle donne à ceux qui peuvent contribuer à en augmenter les Richeſſes, eſt un exemple pour les autres Académies du Royaume, qui fera dans la Nation à celle d'Amiens un honneur immortel.

Confidérations fur les Finances d'Eſpagne. A Dreſde (Paris) M. DCC. LIII.

Le Traducteur de Don GERONYMO DE UZTARIZ eſt l'Auteur de ces Confidérations qui ren-

---

Laines néceſſaires aux Manufactures de France ? Ces Manufactures peuvent-elles ſe paſſer des Laines d'Eſpagne, d'Irlande, ou de toute autre Laine étrangere ? Quels ſeroient les moyens de donner aux Laines de France les qualités qui leur manquent, & d'en augmenter la quantité ?

ferment beaucoup de chofes dans un très-petit Volume. Il paroît s'y être encore propofé de prouver par l'exemple de l'Efpagne, qu'en quelque Pays que ce foit la mauvaife Adminiftration des Finances eft également nuifible & au Commerce & à l'Agriculture même qui en eft la bafe.

Effai fur la Police générale des Grains. A Londres (Paris) M. DCC. LIV.

Cet Effai en eft à la troifiéme Edition, ce qui en prouve fuffifamment le mérite & le fuccès. On ne peut favoir trop de gré à l'Auteur de la fageffe avec laquelle il a traité une matiere tout à la fois fi importante & fi délicate. Rendons auffi juftice à l'encouragement que les Miniftres aujourd'hui donnent eux-mêmes aux Citoyens qui travaillent utilement fur ces matieres. Rien ne prouve davantage qu'ils ont pour objet le bien du Public, que de trouver bon qu'on l'éclaire fur fes vrais intérêts.

*Effai fur les Intérêts du Commerce Maritime, par M. D****. A la Haye* (Paris) M. DCC. LIV.

Comme ce petit Livre devient affez rare, je crois qu'il eft de l'uti-lité publique de le faire connoître : Quoique l'Auteur, conformément au Titre de fon Ouvrage, ne faffe qu'effleurer beaucoup de matieres, il paroît n'être pas moins au fait du Commerce d'Angleterre que de ce-lui de France. Il fait mieux fentir qu'aucun des François qui en ont écrit, l'influence néceffaire que les Partis oppofés des *Whigs* & des *Torys*, qui divifent l'Angleterre, ont non-feulement fur l'Adminiftration intérieure du Royaume, mais même fur ce qui intéreffe le plus leurs voifins.

voisins. D'après Mylord Bolingbroke, ou du moins d'accord avec
lui, M. D * * * * prouve que les
Whigs qui gouvernent, & dont les
biens sont placés dans les Fonds
publics, pancheront toûjours pour
la Guerre, attendu qu'étant maîtres
de l'Argent & des Fonds circulans,
leur intérêt personnel la demande ;
que les *Torys*, au contraire, dont
les biens sont principalement en
fonds de terre, seront constamment
les Partisans de la Paix, parce que
le poids principal des Taxes en
tems de guerre tombe sur eux, tandis que les *Whigs*, profitant de la
nécessité où se trouve le Gouvernement d'emprunter d'eux à un
plus fort intérêt qu'en tems de
Paix, joüissent de tous leurs revenus dans ces tems orageux sans rien
contribuer aux dépenses de l'Etat.
Ce que dit l'Auteur des Entreprises

continuelles de l'Angleterre pour augmenter fon Commerce & diminuer le nôtre, prouve la néceffité de profiter de la Paix pour rétablir les forces Maritimes du Roi (*a*), qui dépendent abfolument de la

---

(*a*) » La Marine, qui demande une fi » grande fujétion, ne prend pas des progrès » bien rapides ; elle ne peut les tirer que de » l'aifance & de la fplendeur, que le tems de » la Paix & un bon Gouvernement donnent » à un Royaume. «

Mémoires de Sully, Liv. X.

» Il faut être puiffant, dit le Cardinal DE » RICHELIEU, pour prétendre à cet héri- » tage (la poffeffion de la Mer); les titres de » cette Domination font la force, & non la » raifon. «

Teftament Politique de ce Cardinal, *feconde Partie*, *Chap*. 1. *Section* 5.

Et quelle Domination ! La Maxime ancienne attribuée à Thémiftocle fera vraie dans tous les tems : *Qui eft le Maître de la Mer eft le Maître de tout.*

Navigation Marchande. Il propoſe pour cela pluſieurs moyens qu'il laiſſe à juger à la ſageſſe du Miniſtere. Un de ceux qui contribueroient le plus à faire fleurir le Commerce en France, ſeroit une Ordonnance du Roi dans l'eſprit de l'Acte de Navigation paſſé au Parlement d'Angleterre en 1660, que les Anglois regardent comme leur *Palladium*, & dont il donne une Traduction. Il eſt bien difficile de n'y pas admirer la ſageſſe des Anglois, & il eſt encore plus étonnant que nous tardions ſi long-tems à l'imiter.

M. D **** eſt entré dans un aſſez grand détail ſur nos Colonies, ſur leur état actuel, ſur les avantages que le Roi & l'Etat retirent de ce Commerce, ſur les facilités qu'il y auroit d'en augmenter les richeſſes, & ſpécialement à l'égard de la

Colonie de la Louifiane, qui ne demande que des bras pour la cultiver, & qui par la plantation du Tabac, la feule production de la terre, qui donne aux Anglois un avantage fur nous, nous mettroit à portée de devenir leurs Rivaux en cette partie, ou du moins de ne plus acheter de leur Tabac. Les Anglois, année commune, en fourniffent dix-fept millions de livres aux Fermiers Généraux. L'Auteur fait part au Public d'un Projet préfenté au Miniftre, qui dans l'efpace de douze ans, mettroit la France en état de fe paffer de celui qu'elle eft obligée de tirer des Anglois, & par conféquent augmenteroit d'autant la balance du Commerce en faveur de cet Etat.

Remarques fur les Avantages & les Défavantages de la France & de la Grande-Bretagne, par rapport au Com-

merce & aux autres sources de la Puis-
sance des Etats. Traduction de l'An-
glois du Chevalier JOHN NIC-
KOLLS. A Leyde (Paris) M.
DCC. LIV.

Cet Ouvrage est assez connu par les trois Editions qui en ont été faites en moins de deux mois. Il vient d'en paroître une Traduction Angloise, qui ne permet plus de douter dans quelle Langue l'Original a été écrit & quel en est le véritable Auteur.

Elémens du Commerce (deux Volumes.) *A Leyde, & se trouve à Paris chez Briasson, David l'aîné, Durand, &c. rue Saint-Jacques.*

La seconde Edition de cet Ouvrage qui est sous Presse, ne sera pas probablement la derniere. L'Auteur qui a bien voulu se charger de l'Article du Commerce dans l'Encyclopédie, a rassemblé dans ces deux Volumes les Articles épars de ce Dictionnaire sur cette matiere qu'il a traitée en Maître.

Essai sur la différence du Nombre des Hommes dans les tems Anciens & Modernes, dans lequel on établit qu'il étoit plus considérable dans l'Antiquité, traduit de l'Anglois de M. R. WALLACE, Chapelain de Sa Majesté Britannique & Membre de la Société Philosophique d'Edimbourg ; par M. DE JONCOURT, Professeur de Langues Etrangeres à Paris. Londres (Paris) M. DCC. LIV.

Testament Politique de Mylord BOLINGBROKE écrit par lui-même, ou Considérations sur l'Etat présent de la Grande - Bretagne, principalement par rapport aux Taxes & aux Dettes nationales, leurs causes & leurs conséquences, traduit de l'Anglois. A Londres (Paris) M. DCC. LIV.

L'Ouvrage que nous annonçons

ici , eſt le même que celui dont
nous avons fait imprimer la Traduction à la fin du premier Volume de
M. HUME : nous avons regret
que celle-ci , qui mérite les plus
grands éloges , n'ait pas paru plutôt ; nous nous ferions contentés
d'y renvoyer le Lecteur. Au reſte ,
l'Original n'a pas en Anglois d'autre titre que celui ſous lequel nous
l'avons fait paroître en François.
Mylord BOLINGBROKE étoit trop
modeſte pour en donner un auſſi
pompeux que celui de *Teſtament Politique*, à des Réflexions auxquelles il
n'a pas même eû le tems de mettre
la derniere main : s'il en eut voulu
faire un, il eut été plus général ;
il eut découvert toutes les plaies
de l'Etat , & en eut indiqué les
remédes. Un des premiers devoirs
des Traducteurs , eſt de ne s'écarter
en rien de l'eſprit des Auteurs qu'ils

traduifent. En voulant par un titre faftueux en impofer au Lecteur,
on le trompe fur le caractere de
l'Ouvrage qu'on lui préfente ; du
moins on fe met dans le rifque de
ne pas tenir ce qu'on lui promet.
On annonce au Public *les Mémoires
de Mylord* BOLINGBROKE,
& que lui donne-t-on ? La Traduction d'une fimple Lettre à M.
WINDHAM, où fon Ami fe bor-
ne à juftifier à fes yeux la conduite qu'il a tenue foit pendant
fon Miniftere, foit depuis qu'il a
été forcé de quitter l'Angleterre.
Si les Libraires veulent des titres
qui piquent la curiofité, les Lecteurs exigent qu'on rempliffe fes
engagemens. Ne prêtons point aux
Anglois nos moeurs & notre façon
de penfer : ils ont l'avantage de
pouvoir compter la modeftie au
rang des vertus qui caractérifent leur
Nation.

Nation. Ceux d'entre eux qui ont rendu les plus grands services à la Patrie, ont dédaigné le soin de les tranfmettre à la poftérité. J'ai connu particulierement Mylord BOLINGBROKE, & je fuis perfuadé qu'il ne nous eût pas laiffé l'Hiftoire des Evénemens, où il a eu le plus de part, s'il ne s'étoit pas trouvé dans la néceffité de repouffer les traits de la calomnie. Un de nos Auteurs François en a fait la remarque : nous avons une multitude de Mémoires qui ne font que des mouvemens de la vanité de ceux qui les ont écrits ; le premier Anglois qui fe foit avifé de publier lui-même l'Hiftoire de fa Vie, étoit un Comédien.

F I N.

TABLE
DU SECOND VOLUME.

Fin de la Table.